幼兒圖畫書教學
理論與實務

張純子　著

目次 CONTENTS

作者簡介 / iv

自序 / vi

理論篇・001

Chapter 1 緒論 / 003

第一節　圖畫書的意義 / 004

第二節　圖畫書的類型 / 011

第三節　圖畫書的基本架構 / 017

第四節　臺灣早期兒童圖畫書的發展歷史 / 022

課後作業／問題討論 / 029

Chapter 2 形式多元／有趣的圖畫書 / 035

第一節　無字書 / 036

第二節　電子圖畫書 / 041

第三節　有聲書 / 050

第四節　遊戲書 / 055

課後作業／問題討論 / 068

Chapter 3　圖畫書的插畫 / 075

第一節　插畫涵養美學 / 076

第二節　插畫的特質與視覺要素 / 079

第三節　圖畫書的插畫製作 / 082

第四節　插畫的技法和表現形式 / 089

課後作業／問題討論 / 094

Chapter 4　圖畫書教學的主題 / 099

第一節　生命教育 / 100

第二節　性教育 / 109

第三節　多元文化教育 / 114

第四節　環境教育 / 121

第五節　品格教育 / 126

課後作業／問題討論 / 134

實務篇・141

Chapter 5　圖畫書的選擇與應用 / 143

第一節　圖畫書的適用對象 / 144

第二節　圖畫書的文學要素分析 / 151

第三節　圖畫書的閱讀策略 / 157

第四節　圖畫書的教學方法 / 163

課後作業／問題討論 / 172

目次

Chapter 6 圖畫書教學的實施 / 181

第一節　幼兒圖畫書教學 / 182

第二節　延伸教學活動 / 192

第三節　環境營造 / 196

第四節　圖畫書的設計與製作 / 199

課後作業／問題討論 / 212

Chapter 7 運用圖畫書進行主題教學 / 217

第一節　圖畫書應用主題教學的理論 / 218

第二節　圖畫書主題教學活動設計 / 224

第三節　STEAM 教育融入圖畫書教學的應用 / 232

第四節　感官探索應用圖畫書教學活動設計 / 245

課後作業／問題討論 / 252

圖畫書參考書目 / 259

作者簡介

張純子

學　　歷：國立中正大學教育學博士
　　　　　國立臺南師範學院幼兒教育碩士
　　　　　國立臺南師範學院幼兒教育學士

現　　任：弘光科技大學幼兒保育系助理教授

曾　　任：國立臺南大學幼兒教育學系兼任講師
　　　　　嘉南藥理科技大學兼任講師
　　　　　南臺科技大學兼任講師
　　　　　世一文化幼兒教育研究發展中心輔導講師
　　　　　幼兒園教師五年、主任二年、園長十年

專　　長：幼兒圖畫書教學
　　　　　幼兒多元智能教學
　　　　　教保專業倫理
　　　　　幼兒教師教學情緒
　　　　　幼兒教師專業發展

授課領域：教保專業倫理

　　　　　　幼兒園教材教法

　　　　　　幼兒園班級經營

　　　　　　幼兒學習檔案製作

　　　　　　幼兒教具設計與應用

著　　作：張純子（2013）。教保專業倫理：理論與實務。心理。

　　　　　　張純子（2015）。幼兒園課室經營。群英。

　　　　　　張純子（2024）。教保專業倫理：理論與實務（二版）。心理。

　　　　　　張純子（2024）。幼兒園課室經營（再版）。群英。

自序

　　「圖畫書」是一種複合式的人文學，包括心理學、語文學、教育學、繪畫、美學等。根據「幼兒園教保活動課程大綱」的語文領域，幼兒讀寫能力可透過各類型「文本」來學習，文本是使用有系統的符號創造出的作品，圖畫書即為其中一種。它對不同階段教師而言是一項良好的教學資源，不只含有多元主題，可結合不同領域進行統整課程，並依主題特性設計延伸活動，兼具廣度與深度學習。

　　本書文本指稱的「兒童」在此界定為0～8歲，適用讀者為授課幼兒園教保師資生。教學目標分成認知、技能、情意三項：

一、認知學習

　　1. 認識圖畫書的意義、類型、基本架構與發展歷史
　　2. 認識圖畫書插畫媒材與創作工具
　　3. 學習圖畫書多元主題與應用方法

二、技能學習

　　1. 圖畫書的設計與製作
　　2. 圖畫書媒材的創作技能
　　3. 創意和想像的思考能力

三、情意學習

　　1. 引導學生覺察與關心生活環境
　　2. 發展多元觀點並學習欣賞他人的作品

3. 培養審美圖畫之藝術素養

　　本書為筆者近 20 年的圖畫書教學與專業發展經驗，試圖為如何運用圖畫書教學提供一份完整參考資料，勾勒出一張實用的課程地圖。本書分成兩大部分，第一部分「理論篇」，以圖畫書的理論取向做描述，介紹圖畫書相關概念，希望藉此協助學習者建立對圖畫書的基本認知。第二部分進入「實務篇」，一系列針對每一種概念結合圖畫書選擇與運用（收錄「圖畫書參考書目」），呈現個別課程實例的內容，其中包含教學方法與活動設計。在每個教學實例中，文字輔以各種圖表、圖示呈現內容，希望讀者很快就能掌握個別實例的重點。因此，筆者一方面幫助讀者建構理論，一方面也幫助讀者完成實際的操作技能，希冀可成為師資培育教授、師資生、現場教保服務人員實用的教學資源。

張純子　謹識

2025 年 8 月

理論篇

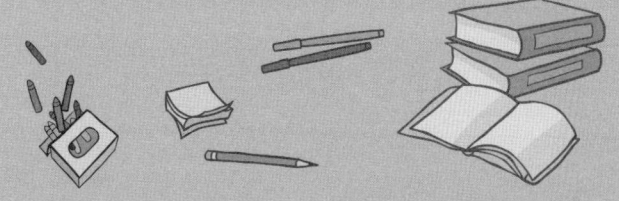

CHAPTER 1

緒論

當前圖畫書作為一種以圖畫符號來傳達思想、知識、文化、習俗的、好玩的書。在幼兒教學現場裡，孩子從聽故事、說故事及閱讀圖文訊息開始，豐富了多元的語文經驗。圖畫書為幼兒教學一項很好的利器，必須從認識、理解到熟悉方能運用。本章分為四節：第一，圖畫書的意義；第二，圖畫書的類型；第三，圖畫書的基本架構；第四，臺灣早期兒童圖畫書的發展歷史。

 第一節 圖畫書的意義

兒童文學專家 Bader（1976）提出對圖畫書的觀點：圖畫書是圖文整合的設計，是社會的、文化的和歷史的文件，對孩子而言，這是最早接觸到的商業產品，圖文相互依賴之下，戲劇式的以兩個跨頁來陳述內容，亦是最接近他們的文化資產。圖畫書的趣味性讓兒童在遊戲中建立良好閱讀習慣，並提供「說故事」平臺，而說故事正是成人與兒童之間產生關聯或進行溝通時，一種很自然的對話與交談（王振鵠，1978）。

壹、圖畫書的定義

對圖畫書的定義，西方以 picture book 直譯為「圖畫書」，日本則翻譯為「繪本」。鄭明進（1987：64）在《圖畫書的認識》中定義：「圖畫書是以優美的、富創意的圖畫為主，以淺易的文字為輔的兒童讀物；是一種以圖畫符號來傳達思想、知識、文化、習俗的、好玩的書。」郝廣才（1998：11）指出：「繪本也可說是圖畫書，它是一種用圖畫來說故事的藝術，而且通常是用一組圖畫說一個故事。」

另外，圖畫書中插圖不是裝飾，而是具有傳達意義的重要性，是一種「透過一系列圖畫與少許相關文字，或者完全沒有文字的結合，來傳達訊息或說故事」的書籍。全部是圖片，沒有文字說明的書籍，稱為無字圖畫書（林敏宜，2000；Nodelman, 1988）。

綜合而言，圖畫書是文字和圖畫結合的書，通常文字很少，圖畫很多，甚至可以不要文字（林煥彰，1998）。筆者蒐集相關文獻對於圖畫書稱謂，包括童書、兒童讀物、圖畫書、圖畫故事書、繪本等。近年來

CHAPTER ❶
緒論

各式專文討論多逐漸採用「圖畫書」取代其他稱謂（伊彬、劉瑋婷，2007；林文寶，2000；徐素霞，2002；劉鳳芯，2000）。因此，本書在稱謂上採用多數者使用之「圖畫書」。

一、狹義的圖畫書

以幼兒為閱讀對象所設計的精美書本，它所強調的重點為透過書中每個版面的大篇幅圖畫和一些簡短有力的文字相互搭配，經由視覺的刺激來激發兒童的興趣，是開啟孩子探訪浩瀚知識之鑰。

二、廣義的圖畫書

以圖畫為主，文字為輔，用來說明或介紹某種事物的書。其應用範圍極廣，包括：產品目錄、旅遊圖、圖鑑、兒童漫畫書，甚至於壁畫等。這類圖畫書能讓讀者迅速的對書籍內容一目了然、掌握重點。

由以上所述可知，圖畫書是以「故事」題材為主幹，透過栩栩如生的「圖像」和言簡意賅的「文字」來傳達一個「主題」思想；也就是說，它兼具了文學與藝術的價值。

貳、圖畫書的特質

圖畫書與一般故事的不同之處，在於它是由圖畫來呈現故事的風格和基調，強調讀者視覺效果的特質。因此，綜合整理學者的看法（林敏宜，2000；郝廣才，1998；張純子，2004；張燕文，2007；黃秀雯，2004）提出以下八種特性：

一、圖像性

　　圖畫書是以圖像來傳達故事內容，圖像具有開放性思考的性質，可給予讀者多元感受與開闊的想像空間。

二、兒童性

　　圖畫書設計的主要訴求對象為學齡前或學齡兒童，除了要能符合兒童的生活經驗，幫助兒童擴展理解力、想像力、思考力之外，在文字方面，要淺顯易懂，具有口語感及韻律感；在插畫方面，應考慮孩子視覺心理的適應與表現，運用趣味、動態、具體、鮮明的造型特質來吸引他們的興趣與注意力。

三、教育性

　　圖畫書的內容包含了認知、生活、人格、自然科學、人際關係、生態環境等議題，讓學生在知識、技能與情意方面皆能獲得成長。

四、藝術性

　　圖畫書主要是由文字與圖像構成，除了文辭要講求優美外，舉凡色彩搭配、版面構圖、造型設計、繪畫技法等，優良的圖畫書也是一件富有美學的藝術作品，皆能達到「畫中有話」的效果。一本具有藝術特色的圖畫書，可以提供幼兒早期視覺美感的經驗，甚至影響一生的審美觀發展。

五、趣味性

　　新奇、逗趣、好玩的圖畫書內容，能吸引讀者的目光。同時，對閱

讀興趣和習慣的培養也有幫助。在整體的設計與安排上，展現文字的幽默感、圖畫的遊戲性，讓兒童在閱讀的同時，也能感受到快樂、想像以及情緒紓解。

六、傳達性

圖畫書是透過文字與圖畫來敘述或傳達欲表達之意涵，兩者之搭配將使得內容更有整體性與連貫性，具備了語文與視覺傳達之特色。

七、想像性

圖畫書可先以文字之故事發想來創作，或是先有圖像再行編寫故事，這兩者構思方式不可或缺的要素即是想像力。圖畫書圖文之間的融會、協調，是判斷圖畫書優劣與否的關鍵，好的圖畫書，當幼兒翻動書頁時，一張張的圖畫便已經達到「畫中有話，話中有畫」的傳達功效。

八、創造性

具有創意的圖畫書，不僅在文字或圖像上能吸引讀者的興趣，也能產生一些議題讓讀者思索，創造出多樣的思維模式。圖畫書就如同一部無聲光效果的電影，圖像和文字所傳達的訊息，提供了讀者在真實與夢幻的世界中來回穿梭，讓生活更加多姿多采。

參、圖畫書的教育價值

圖畫故事書以圖畫為主、文字為輔，甚至可以是完全沒有文字而只是全圖畫的書。圖畫故事書可解釋為文字與圖畫、「圖」與「文」相互陪襯、相互詮釋的書，它不單讓幼兒用視覺解讀，也讓他們用文字詮

釋，特別強調在視覺上傳達的效果，而插圖方面亦能輔助文字發揮傳達的功能，引發幼童觀賞及閱讀的興趣。幼童從閱讀圖畫書的經驗中，能累積詞彙、了解文意；培養想像力、思考力、好奇心和專注力。

　　近 20 年來，圖畫書越來越受到普羅大眾的歡迎和關注。尤其在幼童教育領域的使用，常常成為教保服務人員或家長的最佳教材。綜合整理圖畫書的價值與功能如下（林敏宜，2000；洪雅慧，2006；張純子，2004；鄭瑞菁，2005）：

一、促進語文發展

　　圖畫書經常是現代父母教育孩子的第一本書，透過圖畫居多、文字淺顯、意念明朗的教導，幼童的閱讀能力便開始萌芽，隨著年紀增長，開始學習圖畫書的用字遣詞、文句技巧、字詞正確使用的方法，甚至將圖畫書的文學性運用於日常生活中。

二、認知和生活體驗的發展

　　幼童的生活經驗大都侷限在周遭的家人與朋友之間，但可藉著閱讀圖畫書從中體驗到不同的生活方式、不同的人事物，並具體建立各種事物的概念，給予幼童廣大的思考空間。甚至許多無法直接接觸的生活經驗，透過圖畫書的媒介，間接地豐富生活體驗。

三、涵養藝術審美素養

　　圖畫是種形象藝術，單一的圖畫無法完整的傳達整個故事，而圖畫書即是一種用圖畫來說故事的藝術，圖畫用色鮮明生動，提供幼童視覺的形象，優美的圖畫書能培養自幼欣賞美的事物及感覺，為其審美能力打下良好基礎。

CHAPTER ❶
緒論

四、強化社會發展和人格教育

　　幼兒藉由閱讀圖畫書內化許多社會化的替代經驗，透過閱讀活動進行角色扮演與價值澄清，因為其中的故事情節和人物，往往可以提供一種投射作用，將其感情釋放出來，可發揮診斷與治療的功能，幫助度過情緒的低潮（例如：內容設計多元，包含人際關係、品格教育、生命教育的題材），透過閱讀與體驗後，可以協助其克服障礙，幫助兒童健全、快樂的成長。

五、增進兒童閱讀興趣

　　藉由親子、師生共讀，成人毫無保留的將書中語言、情感、思想傳遞給兒童，兒童對於該圖畫書會產生高度的興趣，長期潛移默化下，能增進兒童閱讀興趣。

六、提升兒童的科學性和情操

　　劉美玲（2001）在圖畫書教學研究中，認為圖畫書在教學上極為重要，她認為圖畫書可以提供兒童認知想像的素材；圖畫書能讓新舊經驗連結，產生學習；圖畫可以吸引兒童的注意力；能幫助兒童理解概念。

肆、圖畫書的功能

　　學齡前至學齡約 2～8 歲的年幼讀者，若能借重圖畫故事書所提供的豐富圖像、多元內涵的真實文本，除了當成語文學習的部分材料，也可以成為主題教材（李玉貴，2001；李連珠，1991；郭姿君，2015）：

一、從兒童學習的角度

（一）尊重年幼讀者的閱讀特質

圖畫故事書中的角色與情景的視覺化表徵有助年幼的讀者「看到」故事，有些年幼讀者會利用「圖像」鷹架「文本」的閱讀。

（二）借重圖畫書的多元性

在故事方面，有精彩細緻的描述性語言，提供兒童寫作時，遣詞掇酌的參考；有些故事表露角色的情感，提高兒童對自己與他人情感的知覺。

（三）重視圖像語言的完整性

圖畫書的圖像可以協助讀者探討作者以及繪者的觀點，透過圖像語言的批判閱讀（critical reading），可以探討文本與圖像究竟從誰的觀點來書寫。

二、圖畫書在語文學習扮演的角色

（一）提供故事元素的學習

故事中角色的視覺特性、事件的順序、情節結構、圖文鋪陳的情景、文章敘事的口氣與觀點、插圖呈現誰的觀點、敘事的技法，提供許多高層次讀寫技能的示範，也提供老師進行各種討論與讀寫活動。

（二）進入想像的世界

藉由圖畫書故事中的想像性輕易的將讀者抽離現實所在的狹隘世界，盡情遨遊在真實與想像之間，建構的想像世界掌握兒童想像的特質，提供兒童真實生活之另一層面的思考經驗，這也是目前語文教學比

較欠缺的面向。

(三) 認識自己與他人

透過圖畫書故事所認識的某一種社會群體的歷史與傳統或社區、其他地方的生活經驗，讓兒童與不同的他人產生連結；也讓兒童將自己的環境與文化與他人的環境文化產生連結。

(四) 增進情感的探索

圖畫故事書裡呈現快樂與悲傷、融洽與緊張、兩難與困頓、享受與擔憂、愛與嫉妒、分離與衝突、驚奇、家庭關係、社會偏見等。透過圖畫故事書讓幼兒投射自己的情感，也深入理解不同的立場和不同的情感。

(五) 協助自製「圖書」的概念

現今幼兒教學活動中，有越來越多的老師鼓勵幼兒「製作小書」，使讀者體驗身為作者創作出一本書的經驗與過程，圖畫故事書在取材來源、表現形式、呈現媒材的多元性方面有其優勢。

第二節 圖畫書的類型

從兒童文學的分類定義，就是圖畫比例要占 50% 以上的篇幅者，才能叫作圖畫書，更嚴謹的定義則是：「圖畫書的畫面必須有連貫，它的特色就是靠畫面連貫的韻律來說故事，否則只能叫作插畫書或插圖書（illustration book）」（郝廣才，2006）。現今學者對於圖畫書的種類、內容和形式的看法相當多，亦產生多種分類架構，分述如下：

壹、按表現形式分類

　　圖畫書就是用圖畫說故事的兒童書,即使幼兒看不懂書中的文字,透過書中的圖畫,依然能把故事情節連結起來,了解整個故事脈絡。圖畫書是一個包容性很強的概念,而且種類之間的界線也非常模糊,它的種類繽紛多元,內容包羅萬象。

　　有時圖畫書裡的圖畫不再是文字的附庸,而是圖畫書的種類依圖畫書外顯表現形式,以材質、內容、圖文、主題、圖畫等方式作為分類呈現。以下綜合專家學者的觀點,分述圖畫書的種類如下(方淑貞,2003;林敏宜,2000;洪文瓊,2004;徐素霞,2002;陳玉金,1996):

一、依材質分類

　　傳統圖畫書的材質以紙為主,隨著時代的變化,發展出各式材質的圖畫書,以因應不同的需求。除了最普遍的紙書以外,還有布書、塑膠書,甚至還有電子媒材紙書、塑膠書、布書、泡棉、有聲書、電子書、綜合創意書。

二、依內容分類

　　親情、友情、愛情、科普、品德、人權、生命教育等。

(一)蘇振明(1987)依內容來分

　　將圖畫書分為科學類、概念類、故事類、歌謠類等。

(二)林敏宜(2000)依內容來分

　　將圖畫書分為:兒歌、童詩、字母書(alphabet books)、數數書

（counting books）、概念書（concept books）、圖畫故事書（picture storybooks）、知識書（information books）、玩具書（toys books）、無字故事書（wordless picturebooks）、簡易讀物（easy-to-read books）、預測性的圖書（predict books）。

（三）徐素霞（2002）以臺灣兒童生活圈來分

以臺灣本土兒童圖畫書為主要範圍，依據其內容分成三大類：(1) 文學類；(2) 科學類；(3) 藝術類。

（四）鄭瑞菁（2005）依故事內容型態來分

可分為：(1) 古典童話、民間傳說與神話；(2) 現代童話故事；(3) 說話的動物故事；(4) 真實故事。

三、依圖文比例關係

圖畫書是由圖畫與文字搭配組合而成，依照圖文比例可分為無字圖畫書與有字圖畫書兩種，呈現的方式皆以圖畫為主。葉詠琍（1992）依圖文表現形式分為：圖畫故事書（picture storybooks）、無字圖畫書（wordless picture books）、概念書。

四、依主題不同

（一）黃迺毓等人（1994）依主題不同來分

可分為幼兒、生活、人際、動物、自然、想像、知識、品格及特殊話題等。

（二）林芳菁（2005）依主題來分

可分為情緒教育、自然科學、想像力、創造力、人際關係、生活經

驗及其他特殊主題等。

（三）林敏宜（2004）依故事主題來分

可分為自我探索、體驗親情、需求友情、關懷弱勢族群、家庭問題、社會問題、環保生態與科技問題和兩性問題等。

五、依圖畫表現

寫實性、象徵性、誇張性、幻想性、抽象性等。

綜上所述，圖畫書的種類繁多，可依照材質、內容、圖文比例及故事主題來分類。圖畫書是以圖畫為主，文字為輔，甚至是沒有文字、全是圖畫的兒童書籍。透過多元的圖畫書媒介，教保服務人員適性之教學策略與目標，讓幼兒培養良好的閱讀習慣。

六、按產出分類

依圖畫書是國內創作或自國外引進，可分為：

（一）本土圖畫書

純粹由國內本土創作者自行創作，並在國內出版的圖畫書。

（二）國外版圖畫書

出版社買進國外圖畫書的著作權，並在國內出版、發行。一般多是直接採用原文原圖，再將外文直接翻譯成繁體中文出版。

七、依特殊形式分類

依圖畫書是否具有特殊形式設計，可分為玩具書、無字圖畫書、簡

易讀物、預測性圖書等。例如：艾瑞·卡爾《忙碌的蜘蛛》一書，即是一個很特別編排的觸摸書。

八、依主題分類

1. 文學或科學。
2. 想像故事或寫實故事。
3. 其他分類方式。

　　例如：家庭生活經驗、城鄉故事、天氣季節、自然故事、動物故事、幽默和想像圖畫書、現代民間故事、朋友與學校等。

貳、圖畫書教育類別

　　圖畫書題材廣泛，有情緒的同理或宣泄、行為的反映、習慣的培養、情操的建立等，筆者根據較歸屬於適合幼兒圖畫書的性質，將之分為品格、健康、認知、性別、生命教育五大類，說明如下：

一、品格教育

　　一般用來描述對孩子未來在個人和社會生存有幫助的教學。為培養良好的品性，而加以教育的訓練。內容包括智慧的啟發、良好習慣的養成等。這個教育的形式介入教孩子的道德價值；包括誠實、仁慈、寬厚、勇氣、自由、正義、平等。

二、健康教育

　　健康不僅僅是指沒有疾病或虛弱，而是一種生理、心理和社會適應能力的完美狀態。健康是一種完全的、生理上的、心理上的和社會關係

上的良好狀態。

三、認知教育

1956年，經由Bloom等30多人的努力，《認知領域教育目標分類手冊》（*Taxonomy of educational objective, handbook 1: Cognitive domain*）問世（Bloom et al., 1956），並將認知領域教育目標分為知識（Knowledge）、理解（Comprehension）、應用（Application）、分析（Analysis）、綜合（Synthesis）、評鑑（Evaluation）六個主要類目。

四、性別教育

性別不僅僅是生物特徵上的男女之別，還是一種由社會和文化所形塑、建構的產物。性別平等教育涵蓋層面豐富：

（一）概論篇

介紹性別教育與臺灣社會以及性別平等教育的推動與發展。

（二）校園篇

分別探討陽剛特質的學習與形成、女性氣質的身體與規訓，以及多元性別的身分認同與情欲流動。

（三）家庭篇

先剖析親職中的性別意涵，其次勾勒家庭的多元圖像，最後審視勞動與婚姻的跨國遷移面貌。

五、生命教育

真正的生命教育應從家庭、學校、社會各方面著手，從小開始探索

與認識生命的意義、尊重與珍惜生命的價值、熱愛並發展每個人獨特的生命,並將自己的生命與天地人之間建立美好的共融、共在關係(洪蘭等人,2007)。

第三節 圖畫書的基本架構

「圖畫書」是指有圖又有字或有圖無字的童書,好的圖畫書,圖片本身必須具備說故事的能力,每一頁圖片之間的脈絡有跡可循,即使不看文字,也可依循看出故事內容。一本好的圖畫書結構,具文字精鍊、流暢,易於朗讀與聆聽,與圖片互相搭配,相輔相成展現完整的故事內容,而畫面空間布局合乎美學標準(蔡淑媖,2001)。

壹、圖畫書的結構

一、封面

在閱讀前先做瀏覽時,封面是主要能預測的部分,有些是從內頁中選取最精彩的一頁、創作,或有的和封底連在一起看。

二、扉頁

是封面與書名頁之間的一張襯紙,通常一半黏在封面的背後,一半是活動的也稱作「蝴蝶頁」(彭懿,2006)。大部分的蝴蝶頁是相同的,但是有的是刻意使用某種顏色,也有前後不同彼此呼應,有些圖畫書在蝴蝶頁的前面介紹作者、繪者或書評,讓讀者對圖畫書內容有進一

步了解，也有的會在封面上加註獲得獎項或評介之類的文字。

三、書背

　　書的裝訂處，又叫書脊。通常印有書名、作者名及出版商名稱。

四、書名頁

　　通常書名頁就會出現圖畫，可能是故事主角，也可能是跨版面的圖，目的在引起閱讀故事的動機。

五、正文

　　正文，是書的主體，也是圖書精華所在。一本圖畫書最重要的部分，包括文字與圖畫，它們彼此的關係可分為相互補充、分別講述以及共同表達三種。圖畫在書中所占比例較多，文字扮演從旁輔助的角色。書中的線條、造型、色彩、光影，除呈現美感，也被賦予多元化的意念傳達和後續發展的情節暗示。

六、封底

　　鄧美雲與周世宗（2002）提出，封面和封底的關係有四種類別：(1) 封面是主角的特寫，封底則是主角的「補充說明」；(2) 封面是故事的提示，封底是答案的再現；(3) 封面和封底做一跨頁處理，渾然一體；(4) 封面開門見山的破題，封底卻是另一個故事的開始。

七、版權頁

　　版權所有，翻印必究。版權頁就像是一本書的身分證明。每本書的版權頁包含了書名、作者、插圖、翻譯者、出版者及發行者，還可看到

CHAPTER ❶
緒論

詳細的版權條目。

貳、圖畫書的文學要素

一本圖畫書包含了角色、情節、背景、主題、圖畫、文字、風格等七要素（林敏宜，2000；張純子，2004）：

一、角色

角色（character）是圖畫的靈魂，可說是最能吸引幼兒注意的要素之一，也是吸引幼兒最直接的管道（方淑貞，2003）。如同蔡尚志（1992）指出，兒童故事的角色不外乎兩種，一種是有血有肉的「人」；一種是像人一樣有生命、有性格、有感情、能說話、能行動的「事」或「物」。

二、情節

情節（plot）是指故事中一連串發生事件的次序，情節猶如故事發展的路線圖，透過情節的設計來幫助讀者進入並感受故事要表達的意義（Sawyer & Coomer, 1991, 1996）。善於編織情節的作者，能捕捉生活中的精彩片段，引發幼兒聯想、進行虛構，將散亂的生活事實，變成鮮明生動、感人的具體情節（蔡尚志，1992）。

三、背景

背景（setting）除了包括事發的地點、時間，也包括了氣候及場景、會影響到道德觀和社會風尚的環境文化特性，以及人物的生活方式（張純子，2004）。

四、主題

　　主題（theme）就是圖畫書中所呈現的「中心思想」或「主旨」，對任何文學作品來說，主題是靈魂、文本中心所在，是作者想要表達的思想意識和情感，也是故事中相當重要的元素（張莉莉，2006）。圖畫書亦是一種文學作品，主題藉由角色、情節與背景組合而成，是作者在生活上的體驗、情感、想法與創造力累積而展現出的精華，藉此傳達給讀者一些信念價值觀或生活態度（林敏宜，2000；鄭瑞菁，2005）。

五、圖畫

　　「圖畫」以具體化的形象，把思想感情視覺化，其作用在闡釋主題、裝飾文章、例證文字、增進閱讀效果等。其廣義而言是指：出現在印刷物文字以外的各種繪畫型態，包括：攝影照片、圖表或抽象符號；狹義而言是指：在出版物中，畫家配合文字內容設計的輔助圖解，或傳達文章精神的創意圖畫，且多半是用手描繪而成的作品（蘇振明，2002）。

六、文字

　　圖畫書裡所呈現的「文字」，就是在幫助我們了解故事中人物所講的語言與意涵。對於年幼的孩子，遇到深奧難懂的詞句，可以有兩種表現方式，一是以口語化的方式來轉換難理解的文字；二是照著書中的文字逐字唸出，讓孩子融入在優美的文字意境中（張純子，2004）。

　　使圖畫書中的插圖有意義的最明顯脈絡，就是伴隨的文字。只要把圖安插在文字不同的情境下，就可以完全改變一張圖的意義（Nodelman & Reimer, 2000/2009）。

七、風格

　　風格（style）指作者描述故事的方式，也就是書寫的方式，而非故事內容，不可否認的是，風格當然必須符合不同的故事內容，這兩者的關係是不可分割的（Lynch-Brown & Tomlinson, 2005/2009）。

參、理想的圖畫要素

　　圖畫不僅具有輔助文字傳達之意，更具有增強主題內容的表現功能。不同的技法或形式插畫，往往呈現出不同的美感風格，因此豐富了讀者視覺經驗，也影響讀者詮釋與反應的方向。理想圖畫書的圖畫要素包括如下（徐素霞，2002）：

一、圖文方面

　　圖文的配合可幫助認知，透過文字與插圖配合，能使讀者更加理解圖畫故事書的內容。

二、焦點方面

　　圖畫必須具有明顯的焦點，才能了解插畫主要傳達的意義與理念。

三、圖像造型方面

　　圖畫造型的組成為點、線、面三要素，故插畫家利用點、線、面勾勒出插畫中的圖像造型，透過此基本三要素的運用（例如：線條及顏色組合成形狀，形狀可分成簡單或複雜、僵硬或活潑、大或小等），可以反應情感以及難以言喻的訊息。插畫家常利用圖畫書中人物的圖像顯露

出肢體動作、臉部表情、人物性格或內在情緒反應。

四、整體構圖方面

意即空間配置的問題，包括畫面的和諧、人或物主次的配置、版面的安排，以及筆觸的生命感等。在圖畫故事插畫中，可看到插畫家運用畫面不同的大小、高低的各種整體對比來呈現畫面的結構，傳達故事的內在意涵。

五、色彩方面

插畫家藉由顏色的運用，配合故事主題、情節、人物，表達故事氣氛與內涵。構成顏色的三要素包括色調、飽和度及明亮度，圖畫的色彩必須配合文字的內容。例如：暖色的、清淡的、明亮的顏色給人一種溫馨的感覺（林敏宜，2000）。

第四節 臺灣早期兒童圖畫書的發展歷史

在西方，圖畫書的發展已有百餘年的歷史，但是臺灣的圖畫書發展僅約 40 餘年。自 1988 年起，在臺灣所能見到的圖畫書，無論是自製的、改寫的，乃至引進國外的翻譯作品，在質與量上均有可觀之成就（林素珍，2005）。雖然目前臺灣童書市場上可見外來的翻譯圖畫書，而臺灣本土圖畫書創作和出版是從什麼時候開始的？翻開臺灣圖畫書的歷史，驚訝的發現，事實上臺灣本土圖畫書創作從 1950 年代就開始了。本節將藉由圖畫書文獻的蒐集，帶著讀者一起回顧這段歷史（王宇清，2004；邱各容，2005；林文寶，2010；林素珍，2005；洪文瓊，

2004）。

壹、初始期

就洪文瓊（2004：105）的發展簡要年表而言，第一本是童年書店發行的《童年故事畫集》（1956年12月出版）。《童年故事畫集》，由鄭嬰主編，共有四冊：《赤血丹心》（程鶯編著，陳慶熿繪圖）、《虞舜的故事》（曾益恩編著，鄧雲峰繪圖）、《媽咪的樂園》（丁弋編著，陳慶熿繪圖）、《牛郎‧織女》（程鶯編著，鄧雲峰繪圖）。

其實，臺灣圖畫書的歷史，仍然可以往前溯源。其間，由教育部國民教育司、國立中央圖書館編輯的《中華民國兒童圖書目錄》（1957年11月，正中書局）是重要的指引。「幼稚園類：識字」類「兒童漫畫故事集」圖書，適用年齡（5～8歲）共有：《孤兒》、《孟子的幼年》、《鈴鈴拾金》、《小航空家》、《郊遊記》、《金花病了》等。

貳、孕育期

一、《小學生畫刊》的臺灣圖畫書

這個時期中，臺灣的兒童讀物並未有以「圖畫書」命名的作品出現，換句話說，「圖畫書」的概念還沒有具體被認知（林素珍，2005）。《小學生》於1951年3月創刊，由吳英荃擔任發行人，李畊擔任編輯，1953年1月成立編輯委員會，並且把《小學生》分成「雜誌」和「畫刊」兩個姊妹刊。

《小學生雜誌》以中高年級學生為對象。《小學生畫刊》，起初名

為「小學生畫報」，是半月刊，至1966年12月止，共出版332期，前後共計14年。前後12年中，在安定中進步。

第13年290期（1965年3月）由李畊主編，他的新構想、新作風，使畫刊進入一種革新的境界。最後一年由林良主編（307期，1965年12月），畫刊又以新面目、新姿態出現。於是乎畫刊的革新便進入第二個階段，也是《小學生畫刊》的最高潮（邱各容，2005）。

二、中華幼兒叢書

兒童讀物編輯小組發展歷程中，除了編纂《中華兒童百科全書》、編印《兒童的雜誌》及定期分批出版《中華兒童叢書》之外，對於國內幼兒讀物的出版，也曾投注心力，先後於1970年代和1990年代分別出版《中華幼兒叢書》及《中華幼兒圖畫書》。

1970年，因臺灣省社會處有一筆經費，委託省政府教育廳兒童讀物編輯小組，為農忙時期全省托兒所編輯一套適合托兒所及幼稚園小朋友閱讀的幼兒讀物，自1973至1974年間，陸續出版《中華幼兒叢書》。這套書為12開正方形，每一本皆是全彩印刷，色彩鮮明，外觀相當顯眼。

1970年編輯接受臺灣省社會處專款委託，為農村托兒所及幼稚園的小朋友編寫讀物，由「正中書局」發行，共有：《那裡來》、《小蝌蚪找媽媽》、《跟爸爸一樣》、《一條繩子》、《小田鼠和小野鴨》、《小紅鞋》、《好好看》、《家》、《數數兒》、《五樣好寶貝》等十冊。

CHAPTER 1
緒論

參、發展期

此時期譯介的代表作品有：(1) 1979 年，由光復書局推出的《彩色世界童話全集》30 冊；(2) 1984 年，由英文漢聲出版公司推出的《精選世界最佳兒童圖畫書》105 冊。這兩套書都以銅版紙彩色精印，在臺灣引起震撼性的回響，深深影響著臺灣圖畫書的出版方式。

一、洪建全兒童文學創作獎

1974 年由「洪建全教育文化基金會」所設立的「洪建全兒童文學創作獎」，共分圖畫故事、少年小說、兒童詩歌、童話等四個獎項。其主要宗旨有三：(1) 國內的孩子有更好的讀物；(2) 提高國內兒童讀物的水準；(3) 培養國內的兒童文學作家。

二、信誼幼兒文學獎

1978 年由「信誼文教基金會」[1] 所設立的「信誼幼兒文學獎」，只有設立「幼兒圖畫書類」單一獎項，其相關活動也集中在圖畫書上，如圖畫書巡迴展、圖畫書講座、圖畫書編輯工作坊、圖畫書出版等，對臺灣兒童圖畫書的發展有著推波助瀾的功效。

三、民間出版社出版的本土創作

本土創作圖畫書其中較著名的：

---

[1] 在那個走入書店找不到圖畫書的時代，信誼基金會在許多兒童文學先進的鼓勵下，為一片荒蕪的幼兒閱讀，創設了臺灣第一家專業出版圖畫書和幼兒教育玩具的出版社「信誼基金出版社」。2024 年 2 月 27 日資料，擷取自 https://www.hsin-yi.org.tw/news/publish

（一）新一代兒童益智叢書

1976 年由將軍出版社出版，曾獲得新聞局第一屆「金鼎獎兒童讀物組獎」的肯定。

（二）漢聲精選世界最佳兒童圖畫書

1984 年以幼兒（3～8 歲）為推廣對象，而此套書準確的閱讀對象應為幼兒，但書系名稱以「兒童圖畫書」為名。

（三）創作兒童圖畫書系列

1986 年由理科出版社推出。

（四）親親幼兒圖畫書系列

1986 年由親親出版社推出。

四、多元共生期（1988 年以後）

圖畫書是兒童文學界的新興文類，也是兒童文學中的重要課題。近年來，世界各地的圖畫書均呈現蓬勃發展的朝氣。臺灣圖畫書的發展也進入了一個更多元而國際化的時期：

（一）與國際圖畫書界之相互交流

1989 年國立新竹師院美勞系教授徐素霞以《水牛與稻草人》入選義大利波隆那國際童書插畫家大展，其後 10 年間臺灣已有將近 20 位的圖畫書畫者入選（洪文瓊，2004：162）。至於 1995 至 2002 年間圖畫書的原畫展則有：布拉迪斯國際插畫雙年展、波隆那國際童書原畫展、福爾摩莎童書原畫展、國際童書大師艾瑞·卡爾原畫展、國際兒童圖畫書原畫展、安徒生童話繪本原畫展等。

（二）本土創作的兒童圖畫書出現

此時期無論本土自製的作品，或翻譯自國外的圖畫書，在質與量上都有可觀的成就。選擇幾套圖畫書介紹：

1. 《繪本台灣民間故事集》：1989 年由臺北遠流出版公司所出版，亦為《兒童的台灣》系列圖畫書之一，共 12 冊，介紹不同族群的習俗信仰、城市發展、民間技藝等。

2. 《中華幼兒圖畫書》：1994 年由兒童讀物編輯小組編繪，臺灣省教育廳出版，針對學齡前的小朋友所設計的讀物共 22 冊。

3. 《台灣兒童圖畫書》：在 2001 年與青林國際出版公司合作出版《台灣兒童圖畫書》系列共 10 冊。

4. 1998 年幾米的《森林裡的秘密》出版，獲得中國時報和好書大家讀年度最佳童書，《微笑的魚》得到聯合報年度最佳童書。

5. 自 2006 年起迄今，國立臺灣藝術教育館（簡稱藝教館）舉辦「全國學生圖畫書創作獎」，鼓勵兒童圖畫書創作，發掘及培育圖畫書創作人才，啟發全方位藝術創作，推動親子閱讀風氣，豐富兒童藝術涵養與想像力。

6. 2011 年，由國立臺灣美術館舉辦的「繪本花園～臺灣兒童圖畫書百人插畫展」，邀請臺灣兒童圖畫書插畫家 100 人參與展出，將兒童圖畫書的插畫列入展覽，肯定圖畫書的藝術價值，提升圖畫書創作者地位。

7. 2024 年舉辦的第 17 屆台北國際書展大獎「兒童及青少年獎」，為致力 3 到 18 歲讀者選出可讀性與品質俱佳的好書，獎勵傑出的作品與優秀的創作者和出版社。

結語

　　圖畫書是一種視覺的藝術形式，使兒童有了最初的藝術和文學經驗，是引導兒童進入「閱讀」的鑰匙，更是幼兒的「恩物」（蘇振明，1987）。它是由作家、插畫家、編者和印刷者合作完成的。圖畫書是以優美的、富創意的圖畫為主，以淺易文字為輔的兒童讀物。圖畫書為幫助幼兒跨入兒童文學界的「人生第一本書」。圖畫書的其他稱號是：「膝上的故事書」、「沒有字的故事書」、「母子故事書」、「看圖說故事書」、「啟蒙故事書」……。

　　圖畫書（picture book）是兒童文學界的新興文類，也是兒童文學中的重要課題。近年來，世界各地的圖畫書均呈現蓬勃發展的朝氣。身為教育工作者，「圖畫書教學」儼然成為教育現場的風潮與好的教學工具，況且教學年齡層也有向上提升的趨勢，從嬰幼兒到高等教育幾乎都可以找到適合自己運用的作品。

　　每部作品都以圖像╱文本呈現，在圖畫書的世界裡，「文字」以適合兒童閱讀的語彙和組織貫串整個故事的發展「主題」，運用「圖畫」可以描摹各項細節，讓兒童理解場域的「背景」構圖，並展現「角色」的特徵、凸顯故事「情節」，這些皆是構成兒童圖畫書的主要元素。因此，藉由本章「緒論」首要對於「圖畫書的基本理論」有所認識，旨在闡明幼兒圖畫書教學之目標與定位，期許大專院校幼教和幼保科系之授課教師、學生及教保服務人員能在教與學上得心應手。

課後作業／問題討論

1. 請說明圖畫書狹義及廣義的定義,及其特質。
2. 圖畫書可以分成哪幾大類?
3. 教育類可以分成幾種?嘗試舉出一種本書中沒有的?為什麼?
4. 組成一本圖畫書的基本結構有哪些?
5. 舉出 1988 年後,國內外出版獲獎的圖畫書創作者?

參考文獻

中文部分

方淑貞（2003）。Fun 的教學——圖畫書與語文教學。心理。

王宇清（2004）。中華幼兒叢書閱讀指導初探。載於中華民國兒童文學學會（編），台灣資深圖畫作家作品研討會論文集（90-91 頁）。

王振鵠（1978）。兒童圖書館。臺灣省教育廳。

伊彬、劉瑋婷（2007）。台灣兒童圖畫書出版產業之困境與願景：從插畫創作者之角度檢視。教育資料與圖書館學，3（44），327-356。

李玉貴（2001）。以「圖畫」「故事」「書」——培養閱讀與寫作能力。研習資訊，18（5），5-23。

李連珠（1991）。將圖畫書帶進教室——課室內的圖畫書。國教之友，43（2），9-36。

岡田正章（1989）。幼稚園繪本‧童話教學設計。武陵。

林文寶（2000）。彩繪兒童又十年：台灣（1945-1998）兒童文學書目。幼獅文化。

林文寶（2010）。臺灣圖畫書的歷史與記憶。全國新書資訊月刊，143，4-12。

林芳菁（2005）。幼兒文學。華格納。

林素珍（2005）。試述「台灣兒童圖畫書專題研究」之課程設計。彰化師大國文學誌，11，1-24。

林敏宜（2000）。圖畫書的欣賞與應用。心理。

林敏宜（2004）。繪本大表現。天衛文化。

林煥彰（1998）。跨世紀，台灣兒童文學要怎麼走。兒童文學會訊，14

（6），3。

邱各容（2005）。台灣兒童文學史。五南。

洪文瓊（2004）。台灣圖畫書發展史。傳文文化。

洪雅慧（2006）。繪本融入課程進行幼兒責任教學之行動研究〔未出版之碩士論文〕。臺北市立教育大學。

洪蘭、曾志郎、吳嫻（2007）。腦與生命教育。載於黃政傑（編），生命是什麼？（207-263頁）。復文。

徐素霞（2002）。兒童圖畫書的圖像特質與文字表現。載於徐素霞（編），**臺灣兒童圖畫書導賞**（41-48頁）。國立臺灣藝術教育館。

郝廣才（1998）。油炸冰淇淋——圖畫書在台灣的觀察。美育，91，11-18。

郝廣才（2006）。好繪本，如何好。格林文化。

張純子（2004）。圖畫書在幼兒多元智能發展之運用研究〔未出版之碩士論文〕。國立臺南師範學院。

張莉莉（2006）。幼稚園教師圖畫書教學歷程中的討論活動分析——以「美德」主題為例〔未出版之碩士論文〕。國立屏東教育大學。

張燕文（2007）。繪本應用於品格教育之行動研究〔未出版之碩士論文〕。國立台南大學。

郭姿君（2015）。消費者對現有幼兒玩具布書之意見調查〔未出版之碩士論文〕。國立臺灣師範大學。

陳玉金（1996）。耕耘圖畫書的園地：從童書銷售現況看本土圖畫書插畫創作發展空間。雄獅美術，302，49-51。

彭懿（2006）。遇見圖畫書百年經典。信誼基金。

黃秀雯（2004）。繪本創作之創意思考教學研究——從觀察、想像到創意重組。藝術教育研究，8，29-71。

黃迺毓、李坤珊、王碧華（1994）。童書非童書。宇宙光。

葉詠琍（1992）。西洋兒童文學史。東大。

劉美玲（2001）。以繪本為媒介進行環境議題教學之研究〔未出版之碩士論文〕。台北市立師範學院。

劉鳳芯（2000）。擺盪在感性與理性之間（兒童文學論述選集 1988-1998）。幼獅文化。

蔡尚志（1992）。兒童故事寫作研究。五南。

蔡淑媖（2001）。從聽故事到閱讀。富春文化。

鄧美雲、周世宗（2002）。**繪本教學 DIY：兒童手繪本教室**。雄獅。

鄭明進（1987）。圖畫書的認識。**兒童文學研究叢刊**，3，64-69。

鄭博真、張純子（2004）。認識圖畫書。載於鄭博真（編），**多元智能教學與圖畫教學**（2-17頁）。群英。

鄭瑞菁（2005）。幼兒文學（第二版）。心理。

蘇振明（1987）。認識兒童圖書及教育價值。**幼教天地**，5，37-50。

蘇振明（2002）。圖畫書的定義與要素。載於徐素霞（編），**臺灣兒童圖畫書導賞**（28-32頁）。國立臺灣藝術教育館。

Lynch-Brown, C., & Tomlinson, C. M.（2009）。兒童文學：理論與應用〔林文韵、施沛妤譯〕。心理。（原著出版年：2005）

Nodelman, P., & Reimer, M.（2009）。閱讀兒童文學的樂趣〔劉鳳芯、吳宜潔譯〕。天衛文化。（原著出版年：2000）

Sawyer, W., & Coomer, D. E.（1996）。幼兒文學〔墨高君譯〕。揚智。（原著出版年：1991）

英文部分

Bader, B. (1976). *American picture books from Noah's ark to the beast within*. Macmillan Publishing Co.

Bloom, B. S., Engelahar, M. D., Frust, E. J., Hill, W. H., & Krathwohl, D. R. (1956). *Taxonomy of educational objective, handbook 1: Cognitive domain*. David

McKay.

Nodelman, P. (1988). *Words about pictures: The narrative art of children's picture books*. University of Georgia Press.

CHAPTER 2
形式多元／有趣的圖畫書

隨著資訊時代的發展,圖畫書已不只一種形式。本章將圖畫書形式歸類為四大類,分別為:第一,無字書;第二,電子圖畫書;第三,有聲書;第四,遊戲書。每一種類別除了介紹「圖畫書籍的設計元素」之外,也提供一些實際教學範例,希冀師資生在教學與學習過程中,有多元有趣的圖畫書可選用。

第一節 無字書

　　圖畫書的世界裡，有一環是純粹以圖畫來呈現故事情節的文本，那就是無字圖畫書，無字圖畫書跳脫了文字，讓讀者有想像及創造故事的空間，由於沒有文字的關係，會比較注意視覺上的訊息（Raqi & Zainab, 2008），正因為是「無字」，才會讓孩子展開自己想像的翅膀，體驗無盡的樂趣，給予更大的想像空間（楊淨涵、鄭瑞菁，2012）。

壹、無字書的定義

　　Tomlinson 與 Lynch-Brown（2005）認為無字圖畫故事書的定義是：「書中沒有文字，或者在書中的一兩頁有文字。」無字圖畫書是圖畫書的一種，從字面解釋是一本沒有文字，純粹就由插畫來鋪陳故事的圖畫書，讀者是以圖的訊息來解讀文本的內容創造出自己的故事來，且圖畫需具備一定程度的敘述功能與故事線索，擔任傳達故事意涵的任務，呈現文本內容主題（鄭淑方，2003：10）；書中完全沒有文字或含有少量文字的都可以稱為無字圖畫書，但是無字書可以沒有文字卻不能沒有圖。

貳、無字書的特色

　　無字圖畫書不僅具備豐富的視覺圖像語言，Jalongo 等人（2002）更進一步指出：幼兒為何要使用無字圖畫書？因為無字圖畫書可以連接

視覺文學（學習詮釋想像）、社會文學（學習社會族群的特性與期望）和文字（學習語言的閱讀與書寫）。透過文獻整理歸納其特色如下（侯明秀，2003；William, 1994）：

一、圖畫圖像的連貫性

無字圖畫書中的圖像是一種具體的呈現，而且具備先後畫面的強烈聯繫性。

二、圖畫圖像更具敘事特質

無字圖畫書中的圖像必須比圖文並置的版本，更具備解說性及前後聯繫性。

三、圖畫圖像比文字更具體

圖像和文字相比之下，圖像是較具體而且容易被記憶。尤其對於識字不多的幼兒而言，無字圖畫書可帶領幼兒進入開闊的閱讀世界。

四、有助於建立幼兒的自信心

William（1994）研究發現：無字圖畫書在鼓勵學前幼兒語言及創造力，還有自信心的發展特別顯著。

五、圖畫圖像跨越國界及語言文字隔閡

無字圖畫書中的圖像傳達可以跨越國家、語言、文字的隔閡，傳達圖像故事的意涵。

六、讀者具主動性與取捨權

讀者可自行從自由的圖像閱讀來拼湊一完整的概念（侯明秀，2003）。無字圖畫書是安全的而且不具威脅：它提供幼兒一個自由探索與創造的環境，解除了擔心可能犯錯的恐懼（Williams, 2010）。

七、創造力的媒介

同樣的讀者可選擇以不同的方式來詮釋一本無字圖畫書，不同的讀者也可以先前的經驗為基礎，用多樣的方式來詮釋，就是這種多樣化的故事詮釋方式，讓無字圖畫書變成一個發揮創造力的媒介（Raines & Isbell, 1988）。

八、發現閱讀的樂趣

幽默存在於許多無字圖畫書之中，它提供的重要功能之一為「歡笑」，歡笑同時具備可傳染性與治療的功能特質。兒童有著喜愛歡笑及容易被吸引的特質，幽默感在許多無字圖畫書之中扮演如同有強大吸引力的磁鐵，帶領兒童去發現原來閱讀是可以如此有趣（Williams, 2010）。

參、無字圖畫書的價值與功能

無字圖畫書對孩子而言有許多價值，其價值是可以幫助孩子發展閱讀的技巧。當孩子配合著圖畫自編故事時，得以發展口說語言能力，激發創意思考；當孩子以插畫讀故事時，孩子的故事感與理解力也跟著發展，增進與書互動的樂趣（林敏宜，2000）。

對幼兒而言，無字圖畫書是一座待開發的寶山，可以讓幼兒有無限的探索和想像，暢遊在圖畫的故事中，去發現不同的驚喜，且有效地鼓勵孩子說故事，扮演一個主動積極的角色，以及提高許多領域的發展。綜合言之，無字圖畫書的價值與功能有：

1. 賦予孩子自由的想像，創造出屬於自己的故事。
2. 擴展自己的想像力並激發孩子的創造力。
3. 增加語彙及語言的能力，經由與他人的互動來增進口語表達能力。
4. 無字圖畫書賦予孩子自由想像，並獲得成就感及建立自信心。

肆、無字書運用在幼兒教學

幼兒述說無字圖畫書的活動，了解幼兒口中的無字書及內容分析。以三本圖畫書為例：

一、《瘋狂星期二》

除了用簡短的文字「報時」之外，就是一本無字的圖畫書，然而書中圖畫充滿戲劇性，又隱藏了幽默細節，讓人一看就難以忘懷。即使是第一次讀無字圖畫書的人，也能輕鬆進入書中瘋狂的想像世界！

主要在了解幼兒如何敘說無字圖畫故事書《瘋狂星期二》的內容，以供教師、家長以及從事圖畫書之相關人員參考。

二、《雪人》

本書沒有任何文字，藉由一格格連續圖畫，呈現男孩和雪人之間的真切情誼，以及一起飛越天空的驚奇感。結尾處當男孩發現雪人已經消失時，小小無聲的畫面，感動了全世界的大小讀者。

三、《挖土機年年作響：鄉村變了》

本書由七張大開圖片所組成，繪者由同一角度取景，以三年的間隔時間，記錄一個小鄉村20年間的變化。這是一本無字生態環境圖畫書；環境問題經常是作者米勒作品中關注的焦點，他表示無意宣揚「回歸大自然」的理想，因為他「既非道德家也不是說謊者」，他只想呈現一個真實的世界，並且藉此引導讀者思索自己的生活環境。並且提醒我們，不要讓自己主觀的想法，阻撓了孩子的自我判斷，讓孩子在書中自由的探索和發現。

四、綜合討論

Crawford與Hade（2000）探討三位美國兒童（4、5、8歲）如何解讀無字圖畫書中的視覺符號及線索，他們讓兒童從12本無字書中自由選擇三本進行閱讀，結果發現：兒童在閱讀的過程中，會根據封面圖像訊息、書籍尺寸進行選書，並且會用與解讀文字、文本相似的策略來閱讀無字圖畫書。例如：孩子閱讀時，融入個人經驗、先備知識、解讀圖像內容以及針對角色進行「觀點取替等」[1]。

另外，程培儀（2005）邀請大班幼兒敘述無字圖畫書故事內容，以探討幼兒敘說內容中的角色、情節、場景等文學元素，結果發現幼兒多以第三人稱的觀點敘說故事，對於圖畫書中主角的行為細節有相當細膩的描述。此外，幼兒在敘述角色時，常根據角色外觀、眼神等線索來描繪角色的特質，並且加入個人的想像情節；場景方面，會觀察圖畫的變

---

[1] 角色取替（role taking）是一種社會認知能力，是指能設身處地站在別人的立場，從那個人的觀點觀察世界上的事物，不僅了解他人對各項事物的看法，而且對他的行為、態度與感覺等能具有「同理」（Eisenberg, 1982）。

化來訴說後續故事發生的時間點等。

第二節　電子圖畫書

全球化與科技發展為人類的環境與社會帶來巨大改變，在這樣快速變動的時代，學校教導學生應具備的能力也必須調整，像是「識讀能力」（literacy）就必須超越傳統的紙本閱讀（黃玉枝，2020）。「電子圖畫書教學」是近年來教師於教學中的一項重要改變及發展趨勢。以往教師經常運用紙本圖畫書進行教學，現在隨著電子化與數位化的潮流，教師開始運用電子圖畫書教學，除教學上更具便利性外，也能提供學生個人化的閱讀及使用（段承汧、歐陽闇，2016）。本節係介紹電子書定義、特色以及在幼兒園教學應用。

壹、電子圖畫書的定義

方顥璇（2010）指出「數位圖畫書」英文為 e-picture book，亦被稱之為電子圖畫書、繪本電子書或動態圖畫書。Pearman 與 Chang（2010）指出，電子圖畫書常被稱為電子文本（electronic texts）、電子書（e-book）或互動式故事書（interactive storybook）。依據上述說法而言，名稱眾多，本節將以「電子圖畫書」來統稱之。

綜合整理各學者之觀點（段承汧、歐陽闇，2016；De Jong & Bus, 2002; Italo, 1991; Pearman & Chang, 2010; Shamir & Korat, 2006），在此將其定義為：是將紙本圖畫書，藉由電子媒介的轉換，在轉換的過程，加入多種不同的多媒體技術，如自動朗讀文句、動畫的配置、音樂的呈

現、讀者即時的互動、視覺效果的傳達,並以數位產品或電子軟體作為閱讀工具,皆可稱之為「電子圖畫書」。

貳、電子圖畫書的特色

電子圖畫書是結合兒童文學、語言、圖片、音樂(效)、動畫的多媒體作品(陳韻仔,2002)。可以提供多種管道刺激,具有引起學習動機並維持注意力、發揮個別化教學效果、可重複觀看、練習並得到回饋等功能,有助於提升教學效果(Cochran & Bull, 1991)。茲將電子圖畫書的特色歸納如下(吳偵維,2012;周文敏,2004;洪文瓊,2005;張淑玲,2006;曾敏玲,2002;嚴淑女,2001;Matther, 1997):

一、與紙本圖畫書相互結合,以數位、多媒體及多元學習化取向設計

電子圖畫書提供的語文、文字選擇,以臺灣電子童書為例,大都提供中文和英文兩種語言的選擇,隨著本土語的提倡,也漸漸加入本土語,也有部分電子圖畫書能讓讀者做註記及重新編組故事,而文字方面的選擇大都也以繁體中文、簡體中文為主,這些都是以多元的學習化取向設計。

二、使用多元感官的閱讀方式

圖畫書的跨媒介特徵除了轉換 iPad 版本外,亦展現於影像敘事等領域。如郝廣才嘗試將「格林文化公司」出版的圖畫書轉化為電腦動畫,開發數位圖畫書的電子書市場。而圖畫書也具備轉化為影像的條件,如甫獲多項奧斯卡獎提名的電影《雨果的冒險》(*Hugo*),乃

《雨果的秘密》（*The Invention of Hugo Cabret*）改編而成。《雨果的秘密》提供便於轉述為動態影像的情境，當中穿插的無字圖像序列可轉為電影圖框及分鏡表（賴玉釵，2013）[2]。

（一）視覺設計方面

依據兒童的生理與心理發展，圖片與動畫比文字更能吸引兒童注意，且運用具體及色彩變化豐富的圖片，使兒童能最直接的感受故事要傳達的意境。

（二）聽覺設計方面

故事中的角色、場景搭配具特色的聲調，並配合故事的進行增添音效，使兒童在閱聽的過程中能對不同角色獲得具體的覺知。

三、非線性的閱聽模式及遊戲化的互動過程

電子圖畫書「非線性的閱聽」模式，融入遊戲並進行互動，所謂的互動是指人與機器的互動，借助這些遊戲化及非線性式的閱聽操控的互動過程，使讀者能順暢閱讀電子書，自主控制學習順序及內容，更能製造出更多的驚喜，這就是幼兒教育強調的遊戲中學習。

四、方便性及隨時更新的學習功能

動態式電子圖畫書係採用「文化部兒童文化館」建置之「閱讀花園」網站中的內容；而簡報式電子圖畫書則採取自製方式，先翻拍紙本圖畫書，將圖片運用 PowerPoint 軟體加以製作，並由研究者錄製故事內容，加入音效及特效設計，形成自製「簡報式電子圖畫書」。

---

[2] 分鏡是電影連續鏡頭的視覺大綱，由單獨影格或圖格組成。每個圖格都包含了視覺提示、鏡頭方向、對話或其他相關細節（李冠瑢，1998）。

圖畫書所具備的魅力特質，例如紙本圖畫書具備「簡單易懂的版面設計」、「輕薄的書本」和「擁有書的感覺」之魅力因素，而電子圖畫書的「多功能的閱讀方式」和「可生動表現故事情節」等魅力因素（魏君純，2015），亦有助於增進兒童的閱讀理解與閱讀興趣，使圖畫書能廣泛運用在兒童教育上。

參、電子圖畫書運用在互動式教學

　　電子圖畫書的教學概念，是由影像、聲音、儲存媒體、介面及編輯軟體等組件，構成其系統結構，經由教學者有計畫的設計，使學習窗口廣闊，促使學習者感官整體互動，透過此種互動過程，幫助學習者認識並建立所學習的知識概念，效果不僅比傳統教學媒體更有效率，也更能提升學習者的興趣（黃清雲，1994）。教保服務人員想要實施一個好的「互動式圖畫書教學」活動，以五部分來探討（葉宛婷，2005）：

一、選擇合適的故事

　　圖畫故事書是孩子一生的啟蒙讀物，也是帶領孩子進入閱讀領域的重要媒介。在進行圖畫書教學之前，最重要的工作是依據孩子的發展程度，選擇合適的故事。

二、故事的呈現方式

　　經由教保服務人員精心挑選適合幼兒的故事，透過豐富的圖畫書情境，並練習說、唸的技巧，營造故事學習的氣氛，便能吸引幼兒學習的興趣，達到圖畫書與學習結合的目的。

三、故事討論

　　故事討論是一種聽故事的人、說故事的人與故事文本的三角關係。故事討論是由聽故事者藉由自身的經驗與故事文本之間的交互作用建構而成的，它牽涉到了個體與團體及故事文本互動的過程。

四、故事教學的延伸活動

　　在故事賞析之後所伴隨的活動，其目的在於幫助兒童回顧故事內容、鼓勵兒童表達感受及想法，並將內容與自己的生活經驗做連結，讓幼兒對故事的熱情持續加溫，更可以對內容做有創意的發揮，激盪更多想法。

五、選擇合適的媒體輔助教學

　　教師在進行圖畫書教學時，如果能巧妙運用媒體，必能增加故事的效果。也希望透過有趣的故事內容及豐富的視聽效果，吸引兒童學習的目光，增加兒童的想像與經驗，提升其學習的興趣。

教學小視窗

　　目前網路上有許多圖畫書的動畫，例如：文化部兒童文化館的「閱讀花園」[3]，提供相當多的圖畫書動畫和互動小遊戲，教室配備許可的話，可以先使用「動畫」引起動機，接著藉由動畫尚未完成的結局讓幼童進行主題探討或角色扮演，以此讓幼童主動翻閱圖畫書尋找答案，提升教學樂趣。

---

[3] 資料來源：https://children.moc.gov.tw/animate_list?type=1

肆、電子圖畫書製作

一、製作方法

　　引用林涵諭（2011）提出的「簡報式電子繪本」製作的方法：(1) 選擇形式（可選擇現成圖畫書或師生共創故事進行紙本翻拍）；(2) 設計腳本（選擇學習的主要概念，如感恩、成長等）；(3) 用 PowerPoint 或 Canva[4] 軟體進行製作；(4) 在製作過程參考「文化部兒童文化館」繪本花園以語音動畫呈現形式的概念，加入相關音效及旁白錄製；(5) 配合教學主題設計相關活動內容，進行電子圖畫書教學及活動。

　　除了傳統簡報形式，如今圖畫書創作已可廣泛運用 AI 技術，加入更多創意與互動元素，使作品更生動、富有吸引力。常見的應用步驟與工具包括：(1) AI 圖像生成；(2) AI 協助撰寫故事；(3) AI 語音轉換與旁白配音；(4) AI 動畫設計與互動功能；(5) AI 編輯與自動排版等（Reshi, 2022）。

　　這些技術不僅提升創作效率，也拓展了圖畫書的表現形式。然而在實務應用時，仍須特別留意以下幾點：著作權與使用授權問題、互動設計的安全性與倫理規範，以及 AI 故事中若缺乏人際情感連結與真實經驗，將可能削弱其在親師生之間所扮演的情感橋樑與溝通深度（Innocenti & Paterno, 2021）。

---

[4] 「簡報」是 Canva 最重要的功能，Canva 提供了數以萬計的簡報設計範本，讓使用者可以更方便的進行簡報設計。資料來源：https://www.canva.com/templates/

二、教學活動設計

　　段承汧與歐陽誾(2016)將電子圖畫書進行教學所設計之教學流程與內容分成三部分：引起動機、主要活動以及綜合活動；引用以下兩本電子圖畫書(表 2-1)作為介紹：

表 2-1 ▪ 電子圖畫書名及內容簡介

主題	概念	電子圖畫書名	電子繪本來源	故事簡介
身體保健	看醫生	皮皮放屁屁	■兒童文化館 □自製	小青蛙皮皮最近出了一個毛病就是一直放屁屁，青蛙媽媽帶皮皮去看醫生，醫生說這只是肚子裡有臭氣，慢慢會好起來。看完醫生後，皮皮的肚子還是沒好，肚子膨脹得像顆氣球，皮皮開始向天空飛……皮皮要飛到哪呢？
	醫生幫幫忙	鱷魚怕怕牙醫怕怕	□兒童文化館 ■自製	「牙齒，好痛好痛，但是到底要不要去看醫生？」相信看牙醫不僅是孩子，也是大人的噩夢，因為大人也會害怕看牙醫，總是掙扎著要不要去看，但牙醫面對不同病人時，是否也和我們有相同的掙扎呢？

資料來源：筆者自行整理。

（一）引起動機（暖身活動）

配合當日主題，以童趣、活潑的方式作為開場，例如：賞析《鱷魚怕怕牙醫怕怕》電子圖畫書之前，拿出大牙齒模型，演出一小段牙齒痛的場景，讓幼兒知道今日故事是與牙齒有關，引起幼兒初步想法。

（二）發展活動（電子圖畫書故事時間、師生互動以及遊戲時間）

播放及講述故事內容，在過程中與幼兒討論故事情節、帶入相關知識，以及詢問各種問題。例如：以《鱷魚怕怕牙醫怕怕》故事為例：

1. 詢問幼兒：如果有一天你要幫鱷魚拔牙齒，你會是什麼感覺？
2. 在討論的過程中，如幼兒無法回答問題、無法進行討論，或者幼兒對部分內容有興趣，可利用電子圖畫書導航功能如倒轉、前一頁、暫停、章節選擇等，讓幼兒再看一次相關內容。

（三）綜合活動

配合當日主題，教師設計與電子圖畫書內容相關的小組活動，使幼兒能加深對內容的理解，引發幼兒更多的興趣，加深印象；最後，提醒幼兒電子圖畫書有電子版以及紙本，都可提供幼兒於語文區（圖書角）閱讀。

三、電子書的教學資源

國內有許多政府單位設置電子書網站（如表 2-2），提供兒童電子書的連結，能從圖書館取得兒童繪本資源電子書。專為小朋友規劃線上的閱讀園地，提供聽書、推薦書區的電子資源。教師在運用電子圖畫書進行閱讀教學時，應同時考慮兒童的閱讀歷程與發展，配合電子書的特

表 2-2 ▪ 國內單位設置電子書網站

電子書網站／ 線上故事圖畫書	網址
文化部——兒童文化館	https://children.moc.gov.tw/index
臺北市立圖書館——兒童電子圖書館	https://kids.tpml.edu.tw/TaipeiLib/wSite/mp?mp=1
國立公共資訊圖書館	https://ers.nlpi.edu.tw/?domain=child
台灣雲端書庫	https://www.ebookservice.tw/
HyRead 圖書館電子書平臺	https://ntledu.ebook.hyread.com.tw
小行星樂樂 TV	https://www.youtube.com/channel/UCtWocEKhgpEffPDlwwozK9Q/featured
親子天下	https://www.youtube.com/user/ParentingTV/featured
我們家的睡前故事	https://www.youtube.com/@ourbedtimestory/videos
佳佳老師說故事	https://www.youtube.com/@JiaJiaStory
花媽家說故事	https://www.youtube.com/@user-fm4kv8pt2f/videos

資料來源：引自宋玟蒨（2024）。

性，使閱讀教學達到事半功倍的效果。

（一）教育部——兒童文化館

繪本故事介紹、線上聽故事、繪本動畫、互動遊戲、本土兒歌，設置目的是以提升兒童閱讀興趣為目標，線上故事是用 2～3 分鐘繪本動畫，以及 5～6 分鐘有聲書當作前導，鼓勵孩童看完介紹後再去借閱書籍，平臺針對每個故事設計不同的拼圖、配對、塗鴉等線上遊戲，親子可一起互動，增加閱讀樂趣。

（二）臺北市立圖書館——兒童電子圖書館

提供兒童電子書的連結，能從圖書館取得兒童繪本資源電子書。

（三）國立公共資訊圖書館

國內首座國立級數位公共圖書館，服務對象即全國民眾，國立公共資訊圖書館有超過 5,000 種中英文兒童繪本、故事書免費線上看。

（四）台灣雲端書庫

兒童繪本、兒童故事書、中英文有聲書、英文繪本、英語學習。台灣雲端書庫是由遠流出版公司打造，近年結合 23 個城市雲端圖書館，提供讀者更便捷的借書服務，只要你辦過縣市圖書館借閱證，就享有上萬本電子書資源，此外用手機、平板可安裝台灣雲端書庫 APP，連線借閱下載後，還可離線閱讀。

（五）HyRead 圖書館電子書平臺

HyRead 是一個電子書閱讀 APP，所在縣市圖書館有與 HyRead 合作，就可以擁有千本電子書資源，平臺也提供線上閱讀與離線下載閱讀，支援多種載具，用電腦、手機都可以看。

第三節 有聲書

兒童成長發展中，最先發展完整的就是聽力，因此孩子還在媽媽肚子裡時，父母就很重視胎教。孩子出生後，需要許多聲音強化對語言的刺激，有聲書藉由發出聲音，讓孩子對認知發展有更深刻的學習，加深對於語言的記憶。本節係介紹有聲書定義、種類以及針對運用在幼兒園

的教學實例。

壹、有聲書的定義

「有聲書」（audio books）是一種個人或多人依據文稿，並藉著不同的聲音表情，和錄音格式所錄製的作品，常見的有聲書格式有錄音帶、CD、數位檔（例如 MP3）。有聲書一詞約在 1980 年代出現，意味著這是一本用聲音來表達內容的書。達到消費者能在閒暇或工作之餘以「聽」的方式來取得新知（陳如貞，2010）。許多研究都指出，父母師長大聲唸書給學前幼兒聽，可以有效增進孩子的閱讀能力。在書本成為孩子主要獲取知識的媒介之前，口語傳播是他們主要的學習途徑。能夠集中注意力聽完一個故事，是學齡前幼兒最重要的學習能力（吳詠蘭，2006）。

貳、兒童有聲書的種類

隨著時代進步，有聲書發展出許多種類，大略可以分為以下三種類型。

一、聲音獨立存放

此類型為最基本的有聲書，一本書附上 CD，或者附上 MP3 檔案，可搭配書的內容播放，是有聲書最初的形式。優點在於只要帶上 CD，隨處都可聽，缺點則是需要有另一個專門播放器。

二、聲音放在書中

不用獨立播放器，直接把播放器做成小作業簿，與書合成一體，聲音直接從有聲書中發出，如此直接與書相互動，更吸引孩子專注在書裡。優點是帶上書就可以直接玩，缺點則是因為需要放進播放器，此種有聲書通常做得較厚。

三、聲音放在筆中

此種有聲書須搭配一枝書本專用的「點讀筆」，點下書中特定區域，即能從筆中發出對應的內容。適合年級大一點的孩子，會更具有挑戰性。更多有關點讀筆介紹可以參考〈什麼是「點讀書」？一次搞懂點讀〉[5]。

參、幼兒教學實例

有聲 CD 是一種以豐富的視聽效果、精彩的配樂將口白和對話具體的呈現閱讀內容的方式，不僅是幼兒自學閱讀的良好媒介，同時也是嬰幼兒階段良好的閱讀輔助工具。以下針對 0～8 歲階段之兒童適合閱讀之文本內容為主，從各出版社中篩選出不同有聲書，附帶介紹三種在幼兒園或家中都可以運用的學習：

---

[5] 點讀書是書本搭配特定點讀筆，點到指定區域，點讀筆就能發出特定的內容。點讀書不僅使得書本變得生動有趣，更能吸引孩子注意力，提升專注度，讓學習更有效。https://bestmade.com.tw/blogs/news/what-is-a-sound-book-with-a-pen

CHAPTER 2
形式多元／有趣的圖畫書

一、錄製有聲書

　　圖畫書是靜態的、無聲的；音樂是動態的、有聲的，教師可以引導幼兒讀出故事氛圍、讀出節奏、讀出旋律。楊淑美（2010）在《繪本裡的音樂～從說白節奏到幼兒音樂遊戲的歷程》中，讓圖畫書在朗讀時多些樂趣，不只是學到音樂相關知識，也發揮想像與創造能力，更記錄下自己的聲音。以《棕色的熊、棕色的熊，你在看什麼？》為例。

（一）教師帶領圖文賞析與討論
1. 教師將全文朗讀一次給全體幼兒聆聽。
2. 藉此討論了解幼兒對顏色名稱的概念，建立正確的認知。例如：同樣的語詞或句子不斷重複出現：「在看我」、「你在看什麼？」顯見書中有規律性重複式的對話、重複的語詞、重複的問句。

（二）朗讀聆賞
　　將「棕色的熊」寫在白板上，然後加上不一樣長短的節奏記號。「」代表 1 拍，要拍一下、把字唸得長一點；另一個「」也是 1 拍，但要拍兩下、把字唸得短一點。接著老師可以邊唸、邊拍給孩子聽，讓他們感覺到句子裡的節奏律動。

（三）自製有聲書
　　孩子富於變化的朗讀聲搭配節奏樂器的聲音，就是十分具有音樂性的有聲故事，讓圖畫書的教學更有趣（楊淑美，2010）。
1. 教師利用時間進行錄音，搭配幼兒一起朗讀圖畫書《棕色的熊、棕色的熊，你在看什麼？》中重複式的對話，讓幼兒一邊敲打節奏樂器。直到最後一頁「我們看見一隻棕色的熊，一隻……、一

隻⋯⋯、一匹⋯⋯、一隻⋯⋯、一條⋯⋯和一個⋯⋯在看我們。」
2. 還可以延伸「改編」，讓幼兒們可以有創意的看見什麼。

二、有聲書學美語

教育部（2004）在維護幼兒身心健全發展，以及主張美語學習屬於外語學習，因而關鍵期的假說並不成立的兩個前提之下，建議幼兒接觸美語應以促進文化學習與國際了解為目標，不應為培養流利的美語能力而影響幼兒園的正常教學和幼兒的情緒社會發展。因此，以「融入式」教學促進國際了解，或以歌謠、圖畫故事、遊戲等適合幼兒的方式提供幼兒接觸美語的機會。

以有聲書增加美語接觸機會在國外行之有年，許多學者專家認為以有聲書增加美語接觸機會是提升外語學習成效的理想方法，因為以有聲書增加美語接觸機會活動的設計完全以興趣為導向，以學生為中心，尊重學習者的喜好、能力及個別差異。國內的兒童美語教育工作者也指出：「讓孩子透過圖畫書接觸英文，沒有壓力、充滿樂趣，又可以建立孩子的信心」（吳敏蘭，2008）。

讀寫萌發和閱讀相關理論也指出，幼兒在聽故事的過程，其聽覺與視覺符號的發展自然地在聽讀的經驗中同時並進，幼兒可以從中主動建構語音、語意、語用、辨識詞彙字形等語言知識（陳淑琴，2007；Margaret, 1978/1996）。從李宜賢與卓淑美（2003）的研究結果發現，支持聽故事是學習語言的有效方式，透過閱讀，讓詞彙出現在有趣的上下文裡，是有意義而且情境足夠的語言輸入與接觸。依照兒童的年齡選擇：

1. 0～2歲：材質需安全耐用、圖大、字少、色彩鮮明或是會發出聲音來吸引他們的注意力。

2. 3～4 歲：以生活相關主題及重複句型構成為佳，加上字母、單字、數字等元素，建立對語文的基礎概念來達到啟蒙目的。

3. 5～6 歲：利用短篇故事及題材，在唸讀過程中熟悉自然發音規則、句型結構及培養語感。

4. 6～8 歲：選擇與課程所學內容的相關圖畫書，藉著不同素材來促進認知發展及增加字彙量。

三、親子錄製故事有聲書

小小錄音員就是你！

「聽有聲故事，可以啟發孩子想像力。」透過「說故事」可以讓孩子把聽到的內容說出來，實踐想像力！立即讓孩子選擇喜愛的故事，錄下孩子說故事的影片！

Step 1：聽故事選出有聲故事書 APP 內孩子最愛的內容。

Step 2：錄製孩子講故事的影片。

（故事從親子天下有聲故事書 APP 內選擇。）[6]

第四節 遊戲書

兒童的世界是屬於「遊戲」和「探索」的世界。引導閱讀必須掌握這種特性，才容易接收到學習效果。因此在許許多多的圖書設計成「玩具」的形式，把閱讀化成「遊戲」，讓幼兒從聽、看、觸摸、把玩中去

---

[6] 資料來源：APP 自編童話故事　激發孩子創造力、好口才，https://storyapp.parenting.com.tw/

吸收書的內容（麗莉，1994）。因此，本節「遊戲書」，是將玩具書結合了玩具與圖書的形式，發展出兼具閱讀與遊戲的性質，從而對不同形式的玩具書相關內容做論述，從兒童發展至玩具書名稱的確立、起源及種類介紹，區分為「造型類」、「操作類」與「感官類」等三大類型。

壹、造型類

「造型類圖書」從外部形貌到內部設計，都有各自的表現型態。「造型」一詞的意涵為「物體所表現的輪廓與外形」。丁君君（2014）指出，造型類玩具書是指改變傳統形貌的兒童圖書，改變書頁的內部設計使之可活動。例如：改變書體的外形使之非傳統四方形狀、整本書的外形直接裁成一朵花形狀或一輛汽車的外形。主要目的是透過書體上的變化讓讀者有「好玩、有趣」的感受，讓讀者在視覺上進行思考的遊戲。以下選擇最常見的造型書做介紹。

一、立體書

它的名稱由來，起源於1932年，美國紐約出版商「藍絲帶」（Blue Ribbon）推出「彈起插畫」（pop-up illustrations）的號召，而發行《傑克與巨人》童話集（*Jack the Giant Killer and Other Tales*），並將「Pop-Up」註冊為商標，當藍絲帶出版社歇業、商標期滿後，各家出版社便將出版的「立體書」冠上「Pop-Up」一詞，進而成為「立體書」的代名詞，並且用來代稱所有「機關書」（mechanical book）、「可動書」（movable book）、「玩具書」（toy book）或是「拉拉書」（pull-the-tab）、「翻翻書」（lift-the-flap），以泛指書頁中加入可動機關或透過書頁開闔展開立體紙藝的書籍（楊清貴，2012）。

CHAPTER ❷
形式多元╱有趣的圖畫書

　　立體書是屬於圖畫書的一種,是特別為兒童設計、製作的特種書籍(林郁宏,2009)。它是透過書的形式,傳遞無限創意的互動視覺藝術。事實上在這類書中,真正以三度立體空間表現的僅占一部分,其他像透視、**翻轉**、切割造型等非立體變化的書也包含在內(葉青華,1997)。

- 《張開大嘴呱呱呱》(如圖 2-1)便是使用紙片製作出一隻青蛙和藍色鳥的嘴型,再摺疊黏貼於書中。當打開書頁時,這隻青蛙便可以如張開大嘴出來一般,在讀者面前表現動作進行的畫面,以此將原本單純的圖畫,運用摺紙與黏貼的設計讓圖像成為立體狀態。

圖 2-1 ▪ 《張開大嘴呱呱呱》(上誼文化╱1996)

- 《和小兔彼得去冒險》中,小兔彼得可用拉動的方式遠離農夫身邊。因應拉動原理、方式的不同,會產生不同的效果。
- 《迷糊的小企鵝》是一本以簡易的線性情節進行彈出驚奇的「跳立書」,全書用了六組跨頁,每一跨頁,皆有一個立體技法用來表現企鵝的嘴型與姿態、海象的獠牙、殺人鯨跳躍出水面的樣態。
- 《豆豆的家》一書(如圖 2-2),是以客廳、廚房、臥室及浴室這四個場景來呈現豆豆家中樣貌的「劇場書」。此書中並無主要的文字說明,除了臥室場景中所附贈的床前小書之外,較不著重於文字上的描

述，而是以圖樣造型所營造出的空間概念為重，引領幼兒發揮想像力自行創造故事，可作為角色扮演。

圖 **2-2** ▪《豆豆的家》（信誼基金會／2013）

- 《台灣地圖立體書》（如圖 2-3），將最具特色的景點，以 12 個主題串聯，從自然到人文，從陸地到海洋。有寧靜的山林，也有熱鬧滾滾的文化活動，跨越時空，將臺灣的多元與包容盡顯其中。

圖 **2-3** ▪《台灣地圖立體書》（聯經／2022）

CHAPTER 2
形式多元／有趣的圖畫書

二、洞洞書

在書頁中裁出空洞形狀來配合故事內容需要，此類書籍係針對兩歲前的孩子設計，因此特別強調玩具的操作、趣味及遊戲功能（林敏宜，2000）。

配合故事內容，書頁中設計鏤空形狀，來呈現圖案紋路或製造消失的情境。有趣的洞洞設計，可以讓孩子的小小指頭在洞裡鑽進鑽出，除了讓孩子認識星期、顏色、食物、數字和排序之外，當孩子看著毛毛蟲一路吃啊吃、最後蛻變成美麗的蝴蝶時，更能感受到生命的變化和可貴。

- 艾瑞・卡爾（Eric Carle）的《好餓的毛毛蟲》（如圖 2-4）除了一般的平面圖畫書之外，也翻製成「立體洞洞書」，將毛毛蟲吃各種食物所形成的痕跡做成鏤空樣貌，讓讀者能感受毛毛蟲所經過的足跡過程。

圖 2-4 ▪ 《好餓的毛毛蟲》（上誼文化／1997）

- 《彩虹洞洞書：形狀顏色》（如圖 2-5），孩子在成長過程中總是充滿好奇心，喜歡探索世界，也喜歡用手指觸摸、戳洞洞，本書可讓寶

實透過摳、挖、戳等手指精細動作，訓練孩子的手眼協調，同時強化視覺感知並學會基本認知。

圖 2-5 ▪ 《彩虹洞洞書：形狀顏色》（風車／2024）

貳、操作類

「操作」意指「按一定之步驟、程序進行活動」，除了翻開書頁的基本動作外，亦增添了其餘必須按照步驟或方法的設計，促使讀者主動參與、主動操作（丁君君，2014）。

一、翻翻書

翻翻書的設計普遍應用在學齡前的幼兒書，常以厚紙材質來製作，讓幼兒方便翻閱，就幼兒發展的基礎上，除了利用「翻」的動作來訓練幼兒的手部肌肉，也會在主題上伴隨著學習認知的教育概念。

● 《親愛的動物園》（如圖 2-6）是典型翻翻書樣式，共 16 頁，內容是講述向動物園請求一份動物禮的過程，孩子動手翻開後得知分頁的動物圖樣，利用視覺去理解動物的樣貌。

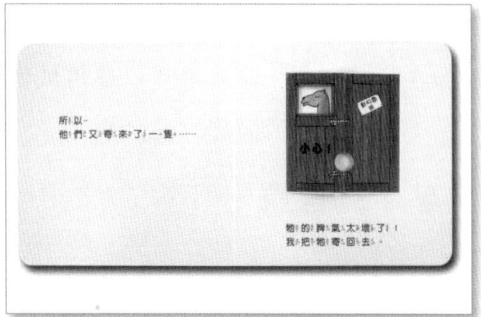

CHAPTER ❷
形式多元／有趣的圖畫書

圖 **2-6** ▪ 《親愛的動物園》（上誼文化／2001）

二、偶書

　　由「偶」結合「書」而生，「書」中的「偶」也大都仍是以原先就具備生命特質的動物、人物形象來呈現，並且在不脫離圖書形式的範疇下（可翻閱、可閱讀），普遍採用內嵌「手偶」或附加「紙偶」的形式表現。

● 《冷靜一點！》（如圖 2-7），「柏里斯」是一隻巨大且毛茸茸的生物，故事中他是愛親吻的怪物，因此在這本偶書中便將「柏里斯」化身為一隻能動嘴巴的偶，讀者只要從偶的後方將手放進「柏里斯」的嘴巴，就可任意操控嘴巴的動作。

圖 **2-7** ▪ 《冷靜一點！》（上人文化／2009）

- 《小兔彼得說故事劇場》設計成可獨立站立或套在手指頭上的狀態，附加在玩具書中，讓讀者可以運用紙偶自由操弄。

參、感官類

感官認知書主要是針對兒童的感官需求而設計製作，利用聽覺、嗅覺、觸覺等三種感覺進行認知學習，促使感覺刺激的發展（丁君君，2014）。

一、聽覺型

圖畫書加上能製造出聲音的裝置或者樂器，讓兒童除了看，也同時使用耳朵的聽覺記憶來達到遊戲閱讀的目的。

- 《蟋蟀瘦哥的獨唱會》（如圖 2-8），在文中看見了蟋蟀圖案，讀者就需按壓按鈕，讓它發出蟋蟀的叫聲。於此同時，所加入的聲音遊戲，也會激發讀者的閱讀興趣，例如促使讀者模仿聲音，增加閱讀時的互動關係。

圖 2-8 ■《蟋蟀瘦哥的獨唱會》（聯經／1990）

CHAPTER ❷
形式多元／有趣的圖畫書

二、嗅覺型 & 味覺型

利用特殊香料油墨加工處理，讓書中出現的食物、水果或花草圖片能產生氣味，利用手指來回摩擦後，味道就會散發出來，常稱為「味道書」。

● 《樂兒學　美味味道書有聲書》（四書一套）（如圖 2-9）有四種氣味：甜甜圈、糖果、餅乾、巧克力，引導孩子認識氣味。

圖 2-9 ▪ 《樂兒學　美味味道書有聲書》（樂兒學／2011）

帶領幼兒從書中認識食物的味道，巧克力？香蕉？輕輕刮一刮書上的圖，仔細聞一聞，會發現好吃的東西，味道都很香！藉由真實的圖像，讓孩子熟悉食物的味道，增進嗅覺發展（如圖 2-10）。

063

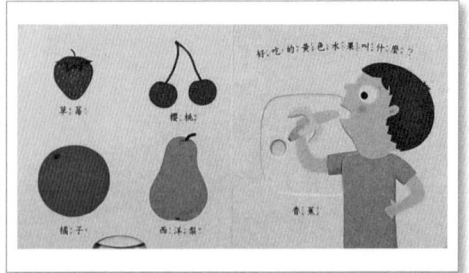

圖 2-10 ▪《好吃的食物》（上人文化／2017）

除了刺激嗅覺與視覺之外，一系列每本書的故事都是經典的童話角色，能讓孩子理解好玩有趣的故事情節，也能養成良好的衛生習慣（如圖 2-11）。

圖 2-11 ▪《聞一聞！有氣味的故事繪本系列》（小光點／2018）

三、觸覺型

使用「不同性質的材料」製作，例如：塑膠、布、砂紙、羽毛等觸摸時會有不同感受的材質，或是利用其防水、不易毀損的特性，發展出眾多類型的觸覺型玩具書。常見的樣式有：觸摸書、塑膠書與布書。

（一）觸摸書

在書中某一部分以不同的材質製作，如毛皮、塑膠、布、砂紙、亮片等，讓幼兒可觸摸感受觸感差異。

- 《好玩的東西》（如圖 2-12）這本觸覺書，讓幼兒摸摸書中各種東西，如：毛茸茸的熊娃娃、滑滑的窗簾、粗粗的毛巾等，讓孩子體驗玩書、摸書、翻書的觸覺和視覺感知。

圖 2-12 ■ 《好玩的東西》（上誼文化／1995）

- 《叢林裡》（如圖 2-13）這本以「觸摸」為主打特色的觸摸書，在書中運用了多項動物或昆蟲的外表來表現其不同之處，讓兒童閱讀時增加閱讀樂趣。

圖 2-13 ■ 《叢林裡》（上人文化／1999）

（二）塑膠書

　　塑膠書又可稱為「洗澡書」，以防水塑膠材質製成，可水洗、不怕濕，可讓兒童帶入浴室進行閱讀的圖書。

- 例如：《乳牛哞哞叫！》（如圖 2-14），除了本身為塑膠材質之外，前者外加了手搖鈴的玩具，後者則是將書設計成可噴出水的玩具，讓圖書不僅是單調的塑膠書，而是可用於遊戲的玩具書。

圖 2-14 ▪《乳牛哞哞叫！》（幼福文化／2012）

（三）布書

　　「布書」是以布料縫製而成的書，布面上可印刷文字及圖案，書頁裡鋪有棉花或海綿以增加柔軟舒適感（林敏宜，2000）。目前風車圖書出版的布書，通常書體全用布製作，但並非表示所有布書皆是全使用布製作的，仍有以傳統紙質圖書呈現但在書頁中設置布製配件的玩具布書。

- 例如：《生日快樂波波熊》（如圖 2-15）在布書上縫製小口袋放置物件。

CHAPTER ❷
形式多元／有趣的圖畫書

圖 2-15 ▪ 《生日快樂波波熊》（風車圖書／2014）

結 語

　　近年來，隨著圖畫書的漸受重視，市面上開發出多元的圖畫書，而圖畫書內容新奇、主題豐富、表現活潑的特點，也是它可輕易吸引兒童的原因。圖畫書教學融入幼兒至國小階段的倡導，發展至近期行動學習的推廣，更有助於提升學童的學習成效。尤其，加入現代教學媒體的運用，將圖畫書原本的文字、圖畫轉化結合成影像、動畫、影片等效果，不僅能增加整體的趣味性，更能對文本的情節、圖文呈現不同的體會。

　　本章的教學目的，主要提供教師們圖畫書教學時多元教材的選擇，不只能滿足幼兒閱讀，並能鼓勵教保師資生及教保服務人員一起思考，可以用什麼好玩的方式（不管從封面、造型、材質、內文、特色等），帶領孩子認識這些有趣的圖畫書，並能從這些認識中去挑選適合於幼兒園的教學運用。

課後作業／問題討論

1. 何謂「無字書」？找出一本無字書來介紹它的特色。
2. 何謂「電子書」？找出一本圖畫書製作成一份簡報電子書。
3. 何謂「有聲書」？分組運用《棕色的熊、棕色的熊，你在看什麼？》錄製一份有聲書。
4. 從遊戲書的「造型類」、「操作類」、「感官類」之中選擇一種類型，並找出一本圖畫書進行介紹。如下表格：

類型	書名	作者／繪者	內容介紹	特色

參考文獻

中文部分

丁君君（2014）。兒童玩具書研究〔未出版之碩士論文〕。國立臺東大學。

方顥璇（2010 年 6 月 21 日）。淺談數位繪本【數位繪本與故事志工專欄】。台灣新生報，16 版。

吳偵維（2012）。電子繪本教學對發展遲緩兒童之口語理解能力提升成效〔未出版之碩士論文〕。國立新竹教育大學。

吳敏蘭（2008）。讓孩子由閱讀進入英語學習。https://www.parenting.com.tw/artice/300379

吳詠蘭（2006）。對話式與有聲書閱讀教學對幼兒聽覺詞彙理解能力與幼兒閱讀行為之影響〔未出版之碩士論文〕。國立新竹教育大學。

宋玟蒨（2024）。兒童故事書繪本線上看！電子書、有聲故事書平台整理。https://www.parenting.com.tw/article/5097175

李宜賢、卓淑美（2003）。影響台灣幼兒園幼兒美語聽覺詞彙理解能力的學習環境因素之探討。弘光人文社會學報，23，93-117。

李冠瑢（1998）。兒童插畫於平面設計之創作研究——以圖畫書為例〔未出版之碩士論文〕。國立臺灣師範大學。

周文敏（2004）。「創造性圖畫書教學」對國小學童創造力與繪畫表現之研究〔未出版之碩士論文〕。國立中山大學。

林郁宏（2009）。立體書對幼童空間方位學習成效研究〔未出版之碩士論文〕。崑山科技大學。

林敏宜（2000）。圖畫書的欣賞與應用。心理。

林涵諭（2011）。電子繪本設計及其在教學運用之研究〔未出版之碩士論

文〕。國立暨南國際大學。

侯明秀（2003）。**無字圖畫書的圖像表現力及其敘事藝術之研究**〔未出版之碩士論文〕。國立臺東大學。

段承沂、歐陽誾（2016）。電子繪本教學對幼兒專注力及閱讀興趣影響之行動研究。**教育學誌**，35，85-143。

洪文瓊（2005）。**電子童書的指涉範疇及其對傳統童書的挑戰和教育價值**。Hung's Blog 洪文瓊兒童文學網誌。http://hungwc01.blogspot.tw/2005/10/blog-post.html

張淑玲（2006）。**科學家故事繪本電子書教學對科學學習影響之研究**〔未出版之碩士論文〕。國立臺北教育大學。

教育部（2004）。**學齡前幼兒英語教育政策說帖**。台國字第 0930122656 號函。

陳如貞（2010）。台灣有聲書市場概況與未來發展策略初探。**中華印刷科技年報**，3，503-519。

陳淑琴（2007）。建構主義取向的語言經驗。載於潘世尊、陳淑琴、鄭舒丹、陳振明、柳嘉玲、張斯寧、愛彌兒幼兒園教學團隊（編），**建構主義取向的幼兒課程與教學——以台中市愛彌兒幼兒園探究課程為例**（85-100頁）。心理。

陳韻伃（2002）。**兒童參與網路童書創作之研究**〔未出版之碩士論文〕。國立臺東師範學院。

曾敏玲（2002）。融合班級中教學策略之應用（二）：交互教學法與過程本位教學法。載於國立臺中師範學院特教中心（編），**特殊教育論文集**（153-168頁）。國立臺中師範學院。

程培儀（2005）。**兒童敘說無字圖畫故事書之內容分析——以 David Wiesner《瘋狂星期二》為例**〔未出版之碩士論文〕。國立嘉義大學。

黃玉枝（2020，11月27-28日）。E世代多元識讀的能力　以後現代繪本探索

多多書為例。國立臺東大學兒童文學研究所舉辦「兒少文學與文化研討會」。臺東。

黃清雲（1994）。互動式多媒體的功能及其應用——以體育教學為例。**教學科技與媒體**，16，21-26。

楊淑美（2010）。繪本裡的樂音～從說白節奏到幼兒音樂遊戲的歷程。載於劉素颯、林素珠、楊淑美、陳嘉露、王錦條、吳美華、葉淑芬、陳芳菊、湯慧美（編），**班級共讀與幼兒學習**（80-89 頁）。麗文文化。

楊淨涵、鄭瑞菁（2012）。無字圖畫書教學對幼兒創造力表現之影響。2012年「一圖千言——圖畫書的繽紛世界」學術研討會論文集（5-24 頁）。國立屏東教育大學。

楊清貴（2012）。立體書的異想／世界。**立體書發展史**，2。

楊清貴（2015）。**立體書不可思議**。時報文化。

葉宛婷（2005）。**互動式繪本教學提升國小學童科學閱讀理解能力之研究**〔未出版之碩士論文〕。國立臺北師範學院。

葉青華（1997）。立體書特輯，看遊戲書樂趣多。**精湛雜誌**，32，9。

鄭淑方（2003）。**幼稚園教師無字圖畫書教學運用之研究——以《7 號夢工廠》為例**〔未出版之碩士論文〕。國立嘉義大學。

賴玉釵（2013）。當繪本敘事遇上傳播：評析《繪本研究新方向》。**新聞學研究**，114，193-202。

魏君純（2015）。**繪本媒體設計的魅力因素與其對幼兒注意力之研究**〔未出版之博士論文〕。國立成功大學。

麗莉（1994）。立體造形遊戲書「中華幼兒圖畫書」首批上市。**師友月刊**，327，43-45。

嚴淑女（2001）。**網際網路與兒童文學創作空間之研究**〔未出版之碩士論文〕。國立臺東師範學院。

Margaret, D.（1996）。**兒童心智：從認知發展看教學的困境**〔漢菊德、陳正乾

譯〕。遠流。（原著出版年：1978）

英文部分

Cochran, P. S., & Bull, G. L. (1991). Integrating word processing into language intervention. *Topics in Language Disorders, 11*(2), 31-48.

Crawford, P. A., & Hade, D. D. (2000). Inside the picture, outside the frame: Semiotics and the reading of wordless picture books. *Journal of Research in Childhood Education, 15*(1), 66-80.

De Jong, M. T., & Bus, A. G. (2002). Quality of book-reading matters for emergent readers: An experiment with the same book in a regular or electronic format. *Journal of Educational Psychology, 94*(1), 145-155.

Eisenberg, N. (1982). *The development of prosocial behavior*. Academic Press.

Innocenti, P., & Paterno, F. (2021). Interactive storytelling for children: A case study of design and development considerations for ethical conversational AI. *International Journal of Child-Computer Interaction, 30*, 100315.

Italo, P. F. De D. (1991). Electronic study book platforms. *Educational Training Technology Internatonal, 28*, 347-354.

Jalongo, M. R., Dragich, D., Conrad, N. K., & Zhang, A. (2002). Using wordless picture books to support emergent literacy. *Early Childhood Education Journal, 29*(3), 167-177.

Matther, K. (1997). A comparison of the influence of interactive CD-ROM storybooks and traditional print storybooks on reading comprehension. *Journal of Research on Technology in Education, 29*, 3.

Pearman, C. J., & Chang, C. W. (2010). Scaffolding or distracting: CD-ROM storybooks and young readers. *TechTrend: Linking Research & Practice to Improve Learnings, 54*(4), 52-57.

Raines, S. C., & Isbell, R. J. (1988). Tuck talking about wordless books into your classroom. *Young Children, 43*(6), 24-25.

Ragi, S., & Zainab, A. (2008). Observing strategies used by children when selecting books to browse, read, or borrow. *Journal of Educational Media and Library Science, 45*(4), 485-503.

Reshi, A. (2022). *Alice and Sparkle [AI-generated picture book]*. Self-published.

Shamir, A., & Korat, O. (2006). How to select CD-ROM storybooks for young children: The teachers' role. *The Reading Teacher, 59*, 532-543.

Tomlinson, C. M., & Lynch-Brown C. (2005). *Essentials of children's literature*. Pearson.

William, B. O. (1994). Every picture tells a story: The magic of wordless books. *School Library Journal, 40*(8), 38-39.

Williams, J. A. (2010). Taking on the role of questioner: Revisiting reciprocal teaching. *Reading Teacher, 64*(4), 278-281.

CHAPTER 3
圖畫書的插畫

筆者在教學現場觀察到,幼兒們在語文區閱讀時,對識字不多的孩子,他們會專心注視插畫,憑著圖畫的訊息以及運用想像力來述說故事,在過程中,幼兒不僅在運作視覺,大腦同時也會思考圖像的意義。

本章針對圖畫書中的插畫部分做探討,分別是:第一,插畫涵養美學;第二,插畫的特質與視覺要素;第三,圖畫書的插畫製作;第四,插畫的技法和表現形式。

第一節 插畫涵養美學

　　圖畫書中的插畫，對於閱讀中學習的孩子，不僅具有「口香糖」的誘惑性，還具有「健素糖」的營養性；插畫更像書本中的「鹽巴」，不知不覺的在調節兒童閱讀的口味（蘇振明，1998）。因此，圖畫書的插畫深深影響閱讀興趣、學習效果和人格發展，教育工作者絕對不能忽視它。

壹、插畫的定義

　　「插畫」一詞源自於拉丁文中的 illustradio，意指「照亮」，表示插畫可以使文字意念變得更明確清晰之意。簡要地綜合中西辭典對它的註解：插畫是書刊文字裡加上了圖畫，它們能突出主題思想，增強藝術感染力，扮演了文獻與美學傳達的雙重角色；也是藝術上的一種表現類別，是所有能把文字形象化的表現方法之總稱。

　　插畫是美術設計的一種表現，是在出版物中畫家配合文字內容設計的補助圖解或傳達文章精神的創意圖畫，且多半是用插畫而成的作品。插畫可分為廣義與狹義兩種。廣義的插畫，指凡是帶有濃厚「敘述」思想感受成分的藝術作品，包括平面製作（如描寫味濃的純繪畫、無字圖畫書等）、浮雕及一些適於再拍製的立體作品均可稱為「插畫」。狹義的插畫，指一切出現在印刷物中與文字結合的平面藝術作品，如各類圖表、照片、繪畫、版畫等。目前大眾對插畫的印象則傾向於後者。若以一個更口語的話來說明，插畫就是一種述說性的圖畫（徐素霞，1996）。

貳、插畫與圖畫書的關係

圖畫書以兒童為主要訴求對象,就兒童的身心發展過程來看,他們學習的步驟是先從外在的形象開始,尤其是尚未認字的幼兒,他們對外在世界的認知,除了周遭環境,就是從圖畫開始,靠著書中的具體圖畫,去對照自己的生活經驗和學習新的事物。這是兒童讀物插畫在兒童知性學習上的重要性,效果遠勝於語言文字的解說。

另外,「插畫」對不識字的孩子而言,當孩子翻開圖畫書時,眼睛直接進入書的世界,藉由圖畫來說明故事背景,從書裡人物、物品、空間,大量的插畫訊息能使文字的意思更清晰,它具有傳達文本內容、建立場景、提供不同視點、強調人物特性、趣味布景、烘托氣氛提供象徵寓意等功能。

正如松居直(Matsui, 1981/1995)提出「文字+圖書=帶插圖的書」,「文字×圖書=圖畫書」,即可知道,好的插畫能輔助文字來表達作者的意念,有時插畫更能超越文字,比文字更能讓人感動。

參、插畫的細節與文本配合

優美的圖畫書大都具備淺顯的文字、調和的色彩和精美的印刷,可說是一種陶冶孩子的心性、創造視覺效果的藝術品。例如:文本中的插畫以新奇的表現手法,運用藝術的媒材、設計和風格,吸引幼兒的注意力。幼兒單從插畫就能理解故事的基本概念,或先後順序。例如《好餓的毛毛蟲》:

艾瑞·卡爾(Eric Carle)的《好餓的毛毛蟲》(*The Very Hungry Caterpillar*)。作者運用拼貼的藝術加上蠟筆的潤飾,讓畫面看起來具

有可觸摸的三度空間效果；洞洞書的設計，引起了幼兒想用手指鑽洞與探索的興趣。

文本中的插畫能夠推動故事的進行、提升故事的氣氛和意義、營造情緒、釐清資訊和豐富故事的內容（葉嘉青，2009）。例如《影子》：

瑪西雅・布朗（Marcia Brown）以「喀」、「準備吃晚餐啦！」幾個字來貫串，故事主要透過圖像來敘說。藝術家透過黑、黃兩色，結合靈活的筆觸和繪圖技法，生動呈現光影、動態效果。閱讀的同時，不藉由文字，發揮想像力觀察圖像變化，可挖掘出其中蘊含的趣味意涵。

肆、插畫自成一體，不附屬於任何藝術形式

插畫就其本身的特質及創作的種種過程來說，應該是屬於獨立自主的一種藝術形式。雖然它常以圖像來詮釋表達一個意念、感受、訊息等，但基本上是個帶敘說性的圖畫。例如《樹木之歌》：

藉由不同頁面顯現季節的變化，呈現畫面與畫面之間時間、空間、動作、細節、色彩、形狀等不同的相互連結，它是一本無字書，畫面與畫面之間的關係更可傳達樹木枝葉顏色的變化，欣賞感受大自然四季之美。

如同任何一個藝術領域中的形式，創作者只需本著一點意念（其來自他人或自己的並不重要），即可透過所選擇的媒材，去構思，去將這意念淋漓地表達出來，並展現這種媒材所屬之美，成為一個藝術傑作。

插畫創作的魅力，就在於它允許人們無限制地隨意運用各種造型媒材、表現手法和形式，誇張地、幽默地、揶揄地或情感性地去詮釋內心所想，或文字所敘述。它藉著生動、清晰明顯的繪畫語言與觀者溝通，做心靈的交流。

第二節 插畫的特質與視覺要素

插畫讓文字轉化為真實，對幼兒來說，插畫增進了視覺素養，因此對於尚未識字的幼兒而言，他們幾乎只看插畫，也能擁有良好的圖畫理解能力。

壹、插畫的特質

插畫形式與傳達內容是兒童圖畫書的靈魂。一本優良的兒童圖畫書的插畫，應具備的特質如下（徐素霞，1997；張純子、鄭博真，2004；蘇振明，1998）：

一、兒童性

所謂「兒童性」係指現代的兒童圖畫書插畫是為了兒童所設計的，也就是說以兒童身心發展為出發點，插畫的形式、色彩、內容、觀點都是依照兒童的發展和需要來考量。具有兒童性的插畫，應能顧慮到兒童視覺的、動態的、具體的、鮮明的造型特質，以達到引發閱讀和認知的學習目標。

二、傳達性

一幅優秀的插畫概括而言，其內容應與文章相互配合。換言之，插圖不僅要補充文章的不足，也要能將文章的境地烘托出來，強化其效果。從類別來看，文學性的插畫要能配合內容提供「優美的視覺欣賞」，而科學性的插畫，要能配合內容提供真實的圖鑑。

三、教育性

理想的兒童圖畫書插畫，不應僅止於讓兒童享受視覺的樂趣，審視目前一些兒童圖畫書，皆朝向促進兒童身心發展，不僅插畫版面大、印刷精美，更能引發孩子主動閱讀的樂趣，其影響兒童的學習潛力並不亞於教科書。

四、趣味性

任何刻板的文字傳述或圖解，對兒童的學習都會打折扣。幽默有趣的圖像都可以誘發兒童的興趣。

五、藝術性

好的兒童讀物插畫，絕對不能忽略本身對美感的追求。講究藝術性的插畫需要具有創作元素：(1) 創意的構想；(2) 趣味的情境；(3) 新穎的技法；(4) 和諧的版面；(5) 美感的造型；(6) 獨特的風格；(7) 精巧的印刷等。

貳、插畫的視覺要素

插畫的要素是構成插畫最重要的部分，可以牽動插畫的整體表現與插畫風格，以下綜合學者（林芳菁，2005；林敏宜，2000；徐素霞，2002；張誌煌，2004；陳海泓，1997）的分析如下：

一、線條

插畫是由點所構成，包括直線、折線、曲線、弧線等，而線條的方

向、粗細及在「面」上的位置，會分別產生不同的溫度與聲音（馬曉倩、陳惠珍，2010）。畫家常利用線條的性質表現主題，運用各種線條的出現來傳達故事所要表達的意涵或感覺。

二、色彩

包括有色彩和無色彩，無色彩除黑白之外，還有各種程度的灰色。色彩是表達意思、傳達感受的媒介物之一，而色彩的三大要素是色相、明度和彩度，分別代表顏色的名稱、明暗程度及顏色本身的純度或飽和度；常被用來凸顯故事的場景、角色形象、傳達出文字的情緒轉變、展現出不同的氣氛等戲劇性效果，使讀者感受蘊含在主題內容中的情感訊息。

三、形狀

線條及色彩組合成形狀，形狀有簡單或複雜、僵硬或活潑、大或小、幾何形狀或有機性形狀、主題與背景，是我們辨識物象的第一要件，進而產生物體的概念。形狀的表現可以反映出情感，有時更可以傳達非語言所描述的訊息。

四、質感

每一個物體都有不同的質感，插畫家利用不同的媒材表現技巧，傳達不同的質感與肌理，而讀者則透過眼睛去感覺質感是粗糙或平滑、堅硬或柔和、鬆散或緊密等。

五、空間與構圖

圖畫書中繪畫裡的空間，是一種對現實空間認知之後的再現，在圖

畫故事中，暗示空間的方法有傳統的透視法、遞減法、重疊法、立體明暗表現法、投影法、空氣透視法等。畫面空間與構圖在圖畫書中提供視覺上的情境氣氛和感覺，透過構圖將畫面的各種東西或人物加以安排，使畫面呈現寧靜安穩或活潑動感的獨特效果。

六、光影

　　光影是插畫家所描繪出來的光線，透過明暗可以顯示畫中某一部分與另一部分的關係，欲強調部分顯得明亮，而次要部分則安排於陰暗處，光線可以展現物體的立體感、塑造故事的氣氛，也能增加情景的戲劇效果。

第三節　圖畫書的插畫製作

　　圖像是兒童在尚未認識字之前最佳的學習工具，由於良好的插畫圖像能以最短暫的時間幫助幼童理解，而且比文字更能抓住視覺注意力，經由親師的導賞，可對幼兒發揮直接的傳達作用，引導幼童由認知轉換情境，進而運用同理心機制獲得觀念。本節藉由對圖畫書插畫製作的探討，顯見插畫製作在圖畫書的重要性。

壹、插畫家[1]

　　插畫雖有其不易性，但那是專業上的要求。其實，就像任何一門藝

---

[1] 又稱插畫師，是以繪製插畫為職業的人，主要工作包括替書籍、雜誌、報紙、說明書、小說、教科書等刊物繪製插畫、封面，也從事繪畫賀卡、海報、廣告、噴畫、幽默畫等（維基百科，2024）。

術一樣,每個人都可將它運用在生活上,只要是表達了心中的意思,簡單的線條圖形與繽紛的造型一樣可愛。卓越的插畫家不但能巧妙地詮釋詩文中的含義,更能以自己特有的創作風格,將作品推向更高的藝術境界。

兒童圖畫書插畫的製作也是在這種情境下產生的,需要一顆永不長大的童心,及好奇、樂觀、自信、不忘在生活片段中隨時製造樂趣的個性想法,來進入這個奇妙的領域。在欣賞過一本本內容豐富有趣、插畫優美動人的兒童圖畫書後,讀者們不妨也嘗試創作一下:

1. 把插畫運用在你的生活中(便條、卡片、信件,甚至日記都是展現的園地)。
2. 可以回想一下自己的兒時趣事、好玩不可思議的夢境,或點滴的生活感觸和想法,將它們藉由一連串的圖畫敘說出來。

當認識各種繪畫媒材的特性時,我們不約而同的想到圖畫書中不同的媒材表現。媒材有它各自呈現的效果,會帶給觀賞者不同的感受。那麼在完成上述「插畫家」的兩道題目後,請讀者彼此分享/賞析,回顧是否充分運用了媒材特質來輔助與想要凸顯的主題故事。例如:用插畫來寫日誌;或用插畫來表達生涯故事等。透過實作,正是筆者想要讓讀者親自體會圖畫書的主題表現和插畫媒材之間的關係。

貳、插畫的媒材

繪畫是藝術表現的一種類型,藝術家可採用畫筆、畫刀、顏料、溶劑等各種工具來完成繪畫作品,透過這些工具呈現畫中的構圖、造型、線條、色彩等,可讓觀賞者在觀賞圖像時,傳達創作者的情感。這些工具便是所謂的繪畫媒材。

繪畫媒材包含廣泛，其特色與表現各有千秋，現代媒材的成分和質料不斷進步，對於畫作的保存與運用都有相當大的幫助。繪畫裡應用的顏料極為多樣，但是各種顏料都是由三種基本原料所組成：顏料、黏著劑和溶劑。大致上可以將繪畫媒材分為以下幾種：

一、繪畫媒材成分

分為「水溶性」（如水彩）、「油性」（油彩）或「乾性」（鉛筆）、「軟性」（如水彩）、「硬性」。

二、繪畫媒材屬性

依材料屬性可分為硬筆類、木質類、水性類、油性類、紙張類，分為「流動性媒材」和「非流動性媒材」。

三、其他類媒材

因應插畫表現形式的多樣化，媒材的運用也隨之廣泛，如拼貼插畫的產生，使布料、自然物、金屬物等都成為媒材的一種；此外尚有黏土、銅版、陶瓷版及電腦繪圖軟體等，均為插畫常見與常用的媒材。

參、材料和形式來表現主題

蔡尚志（1992）指出：「主題是作品呈現出來的主要思想，要揭示的主要理念，也是作家所要提出的中心思想或主張。」可見「主題」對於文學作品，無論是創作還是閱讀理解，對於掌握作品都是很重要的部分。

如同劉世劍（1996）所分析的：「一篇作品的主題，是題材的客觀

意義與作者能動闡發的有機結合。」其中既有題材本身所蘊含的意義，也包含作家主觀情思的移入，它產生於生活中人物、事件的觸發與暗示，完成於形象表現的過程中。因此，透過主題往往可以反映出作者的創作理念、主觀價值意識和思想情感。

然而，主題並不是孤立存在的，插畫作者必須「透過具體材料才能表達文章內容的核心」。也就是說，「主題」這個內在的思想必須藉由外在的藝術形式來表達，才能呈現給讀者。不同的主題帶給讀者不同的心裡感受和情緒反應，所以要以什麼樣的材料和形式來表現，才能貼切展現主題，就要看創作者如何選擇安排（謝依婷，2008）。

肆、常見圖畫書的繪畫媒材

圖像是圖畫書表現中最主要的成分，而這些畫面則是靠不同媒材來呈現。因為時代的進步，出現了更多的繪畫材料與方式，這使得圖畫書創作者媒材運用上變得相當豐富。目前圖畫書中常見的繪畫媒材包括下列（如表 3-1）。

表 3-1 ■ 圖畫書中常見的繪畫媒材

類型	圖畫書媒材	圖畫書範例	內容簡介
水溶性	水墨水彩	我…有夢	帶讀者重返珍古德的童年和黑猩猩玩偶的故事，運用水墨、水彩以外，還融合了照片、舊時的畫，帶領讀者進入珍古德兒時對動物與自然世界的熱情，勇敢探索世界、實現夢想。

（續下頁）

類型	圖畫書媒材	圖畫書範例	內容簡介
水溶性	不透明水彩	搭公車	運用不透明水彩繪畫，不透明效果也會有點像油畫的感覺。一個想要去到遠方的旅人，坐在公車亭等公車，各式各樣的人從面前經過，但他等的公車就是不來。
	壓克力顏料	短耳兔	以壓克力顏料呈現出油畫般的細膩效果，一方面將冬冬這個角色和他所處的環境呈現出極為真實的質感，另一方面又穿插著充滿想像力的奇幻情節。
	水墨	什麼貓都有用	書內圖畫，乍看之下像是西洋畫，仔細一看，原來是以水墨勾勒出線條的國畫，繪者展現超高的繪畫技巧，讓人對整本圖畫書印象深刻。
	彩色墨水	最心愛的寶貝	畫面用彩色墨水呈現海底世界色彩鮮豔迷濛的背景，更凸顯海洋世界中主角彩虹魚。
	麥克筆	國王的鞋子	陪伴孩子探討合適穿著及生活物質觀念。以麥克筆描繪出國王可愛原創角色以及生活周遭所發生許多有趣的事情。
	鋼筆畫	鯨鯊	作者運用細密的鋼筆線條和點繪技法塑造出立體的鯨鯊形象，將其立體雕塑的特點運用到平面的圖畫書創作中，十分迷人。

（續下頁）

CHAPTER 3
圖畫書的插畫

類型	圖畫書媒材	圖畫書範例	內容簡介
油性	油彩	沒有人喜歡我	逗趣的動物造型，顏色鮮明的油彩，彰顯出主角及其他角色的個性，更豐富了整個畫面。帶出故事裡當孩子面臨交朋友時的問題。
	蠟筆	叫醒布拉格	作者藉由蠟筆的手繪旅行日記，帶領讀者循著手繪地圖的腳步走進童話國度，從捷克首都布拉格到鄉間小鎮。
	色鉛筆	第一次上街買東西	以作者擅長的色鉛筆作畫，圖畫更充滿了生活中細膩的情趣，烘托出主角每一點心理變化，顯得分外動人。希望能給孩子自信去面對人生必經的各種「第一次」。
	版畫	100萬隻貓	以接近版畫的黑色筆觸，用蜿蜒的線條接連起從左到右的頁面，讓圖畫書首度出現跨頁的「全景式空間」；且以「異時同圖」呈現如動畫般的生動效果。
其他	粉彩	打瞌睡的房子	利用不同的景致變化來繪出不同內心的呈現與和諧粉彩的特殊技法，從圖畫中體會，一樣的空間，也可以從不同的角度去觀察。

（續下頁）

類型	圖畫書媒材	圖畫書範例	內容簡介
	鉛筆	《魔法奇花園》	艾斯伯格細膩的鉛筆線條以及遊走於現實與虛幻之間的奇特故事為他贏得美國凱迪克榮譽獎,《魔法奇花園》因此成為邁向繪本大師之路的試金石。
	炭筆	《流浪狗之歌》	此書雖然只用炭筆描繪,沒有任何文字,但是讓人閱讀起來彷彿可以聽到狗兒心底的聲音[2]。
	剪紙畫	《喀嚓喀嚓爺爺的恐龍王國》	一本剪紙圖畫書,這本書就像展開一場古生物的冒險旅行。故事一開場,我們可以看到一間堆滿恐龍圖鑑和剪刀、色紙及各種燈光設備的書房,老爺爺忙著剪出各式各樣的恐龍,剪紙恐龍還在書桌下追逐嬉戲。
	拼貼	《好餓的毛毛蟲》	採取拼貼畫的顏色都非常鮮豔,很能抓住小朋友的目光;說故事的方式很有節奏感,讓孩子能在閱讀圖畫書的過程中享受音律之美。

(續下頁)

---

[2] 嘉貝麗・文生(Gabrielle Vincent)1982年發表《流浪狗之歌》時,年紀已過半百,此書榮獲「紐約時報年度最佳童書插畫獎」、「美國《父母選書》雜誌年度圖畫書金牌獎」、「美國號角雜誌年度童書銀牌獎」、「日本產經兒童出版文化賞美術獎」等國際大獎,被視為兒童繪本的經典。

類型	圖畫書媒材	圖畫書範例	內容簡介
其他	電腦繪圖		作者用純粹的色塊，並以電腦繪圖取代繁複的手繪技法來呈現「顏色」的效果。故事裡愛生氣的王子艾迪是一隻可愛的小象，不過……他常常生氣！
	攝影		在現今臺灣的兒童圖畫書中，大都是以彩繪圖畫的方式呈現，運用照片來述說故事的並不多見，尤其以史料來敘說戰爭，並以兒童作為主角的。

資料來源：引自黃鈺喬、顏睦家（2020：4-7）。

第四節 插畫的技法和表現形式

　　圖畫書的特質顧名思義就是「以圖畫為主的書」。一般人慣於將圖畫書的插畫歸類在純藝術的範疇中，其實插畫的欣賞與創作並不同於一般的純繪畫，它們最大的分野是在表現意圖、創作方式（過程）、表現手法和最後的展現形式。插畫的表現技法也像是一般的造型藝術技法一樣多變，更會依據媒材而有不同的表現技法。

壹、插畫的表現技法

　　圖畫書插畫使用的技法分類上，最常見的是手繪，綜合學者遵循媒材來分類插畫的技法可分成（林敏宜，2000；徐素霞，2002；鄭明進，

1995）：

一、手繪技法

渲染法、平塗法、重疊法、噴畫、水洗、素描、線描、水墨畫、刮畫等，包括以上使用手繪呈現的各種媒材，例如：水彩畫、色鉛筆畫、粉彩畫、粉蠟筆畫、彩墨畫、線畫、油畫等。

二、剪貼技法

利用各種紙材使用貼的手法來表現，例如：剪紙藝術、剪影。

三、拼貼技法

使用平面的材料，經裁切後，再加以拼貼，例如：艾瑞‧卡爾的作品多為此種技法。另外，由一層一層往上貼而產生層次感，例如：芥川龍之介《竹林》裡使用布料金箔和面紗等素材來拼貼。

四、版畫技法

以版畫方式呈現的插畫，例如：榮獲金鼎獎的《小島上的貓頭鷹》是由木刻版畫家創作的圖畫書，李歐‧李奧尼的《小墨魚》也是使用相同的技法。

五、立體技法

分為立體和半立體，立體的插畫是經過印刷之後，將插畫的內容予以凸出或站立或活動（經指示拉動圖形，會呈現立體狀）。半立體的兒童插畫有紙黏土浮雕、油土浮雕、紙雕、紙漿浮雕，以及其他可塑性材料。

李漢文為臺灣紙雕創作者，擅長用「紙雕」來呈現圖畫書：1986 年起開始從事兒童讀物的插圖與設計，作品《起床啦！皇帝》獲 1988 年信誼幼兒文學獎圖畫書首獎、第一屆金龍獎《十二生肖的故事》獲 1994 年紐約國際立體插畫獎銀牌獎。

六、三度空間技法

　　製作出玩偶、布袋戲偶、傀儡戲偶、皮影戲偶，特別結合肢體開發彩繪設計造型等，營造出三度空間的情境，再予以拍攝、印刷即是。

七、電腦繪圖手繪技法

　　透過電腦來處理作品，不論平面繪圖、立體造型或動畫，皆可利用電腦高科技技巧來呈現，例如：加拿大年輕插畫家方思華‧艾思美善用現代電腦繪圖技術來輔佐其油畫與壓克力繪畫創作（徐素霞，2002）。

貳、插畫與文本呈現多元文化

　　插畫與文本不應呈現種族、民族，或是性別角色的刻板印象，像是女性的角色並非總是消極而被動，單親的家庭並非就等於不幸福。此外，當介紹另一種文化給幼兒時，應該強調人類共通的情感、動機與經驗，而非強調彼此的相異處，甚至讓幼兒對某種文化有不適當的刻板印象。例如《了不起的妳》：

　　小女孩葛瑞絲（Amazing Grace）透過自己的天分、努力、極力的爭取，與家人的鼓勵，讓她打破了刻板的印象，演出一般人認為只有白人及男孩才能演出的彼得潘角色，並且獲得大家一致的肯定與讚賞。這本書，可以帶領孩子找出書中有哪些歧視或偏見以釐清觀念。透過故

事，讓孩子參與一場性別與多元文化的豐富學習饗宴。

參、圖畫書插畫的賞析

一、使用的媒材、技法與形式

如平面的各種彩繪、壓印、轉印、拓染，再到刻、剪、塑造、組合、剪影、雕刻、立體塑造、縫製、電腦繪圖、攝影、拼貼或綜合裝置等新手法。

二、人、事、物的造型表現

如精準高超、繁複細膩的寫實工夫，或以單色筆所繪製的速寫、漫畫式的簡潔線條表現等。

三、場景空間的營造

小至一個物件，或人物的位置、動態方向、取景角度，大至整個場景的畫面空間安排等。Sipe 和 McGuire（2006）的研究提及了 4～8 歲幼兒對蝴蝶頁的反應，發現幼兒熱中於使用蝴蝶頁來預測故事，並認為蝴蝶頁的作用是揭開故事的序幕、預備故事的開始。

例如：一名幼兒提出蝴蝶頁就像舞臺的布幕，看到蝴蝶頁就表示故事要開始了；而對於蝴蝶頁紙張的用色，以及某些圖畫書前後蝴蝶頁不一致的設計，讓有些孩子能讀出蝴蝶頁的故事及代表的時間。

四、無所不能的說明性呈現

為了傳達一些確切意念、想法或訊息，因此畫面發展出許多「展開

圖」、「剖面圖」或其他一些適於表達的各種手法與形式可能性。一本好的圖畫書從封面到封底，包括其形狀、大小，都是精心設計的傑作，從封面、封底、蝴蝶頁、書名頁、半書名頁、版權頁、致謝等正文外的書本設計。因此當成人在讀一本圖畫書給孩子聽時，其實也在示範給孩子看「如何閱讀一本書」的方式，那麼孩子也可以學到：原來這些頁面上也是「有內容可以閱讀的」。

例如：不少圖畫書的故事早從前蝴蝶頁（front endpaper）就開始發展或預示著接下來要發生的情節。

五、色彩、美感、風格的表現

圖像語言能延伸到「藝術表現性」（如色彩、造型等）與「個人風格」（樸素、華麗，輕巧、厚重，細膩、粗獷等風貌）的範疇。例如《媽媽買綠豆》：

一幅插畫「暖風徐徐吹來的情景」為例，它描寫的是孩子和媽媽夏季午後坐在門口的悠閒時光，在傳達文意內容外，於畫面中做純繪畫的色調變化、筆觸呈現。

六、圖文配置的關係與文字造型變化

有些插畫運用故事內容中的文字，做各種活潑的安排，造成很別致的圖文結合。

七、封面與扉頁的整體設計呈現

整本的圖畫設計就像是一齣長戲或一部電影。封面就像海報或片頭，扉頁則可比喻為鏡頭前的氣氛營造，是一種序言或伏筆，近似表演性質的舞臺藝術。在圖畫書中，不少插畫家也會在版權內容、書衣，甚

至是 ISBN 上做特別的設計，引起讀者思考「自己是如何閱讀一本圖畫書的」（周婉湘，2014）。例如《臭起司小子爆笑故事大集合》：

這本著名的後現代童話，便在正經的版權頁上，藏入了如果你侵犯版權，臭起司小子就會去找你的字樣，或將後蝴蝶頁移到故事結束之前便出現，而在封底也讓書中的角色母雞指著 ISBN 條碼，質疑這麼醜陋的東西出現在這裡做什麼。

結語

圖畫比文字更能精確地表達場景空間、造型、色彩細節，具有「一目了然」的特性，圖畫書具有其他書籍無法表現的長處和趣味美感。因此，插畫製作使用的媒材廣泛，表現形式豐富，風格手法多元，是一個絕佳的藝術學習對象。

本章旨在探討插畫在圖畫書的本質、內涵與關係，並從圖畫書中整理常見圖畫書插畫的技法和表現形式。提醒教學者，應先仔細觀察插畫，幼兒對插畫中的角色人物及其事件的觀察很細膩，甚至比成人還要細微，教師在教學前一定要針對角色人物的動作、表情及其背後作者所要表達的意涵進行深入了解；意味著「教師的心要細，觀察要細微」。

課後作業／問題討論

1. 「插畫」的定義？它跟圖畫書的關係為何？
2. 插畫的視覺要素有哪些？找一本圖畫書來進行賞析。
3. 插畫的繪畫媒材有哪些？從文本中常見圖畫書的繪畫媒材，分組找一種進行介紹。

4. 插畫的表現技法有哪些？每位同學嘗試找一種方法完成一張圖畫，並運用文本中的「圖畫書插畫賞析」進行團體分享。

參考文獻

中文部分

王津、李林慧、周蕤、高曉妹、張義賓、鄭荔、劉寶根（2019）。**閱讀點亮人生**。天衛文化。

周婉湘（2014）。這一頁不用讀？：幼兒與成人共讀對圖畫書近文本的回應與理解。**教育實踐與研究**，2（27），1-32。

林芳菁（2005）。**幼兒文學**。華格納。

林敏宜（2000）。**圖畫書的欣賞與應用**。心理。

侯明秀（2003）。**無字圖畫書的圖像表現力及其敘事藝術之研究**〔未出版之碩士論文〕。國立臺東大學。

徐素霞（1996）。插畫是獨立而完整的藝術。**雄獅美術月刊**，302，13-17。

徐素霞（1997）。優良兒童讀物插畫的特質。載於施政廷（編），**兒童讀物插畫**（124-135頁）。天衛文化。

徐素霞（2002）。**台灣兒童圖畫書導賞──視覺藝術**。國立臺灣藝術教育館。

馬曉倩、陳惠珍（2010）。繪本插畫賞析在幼兒繪畫創作之應用探討。載於黃文樹（編），**幼稚園繪本教學理念與實務**（281-312頁）。秀威資訊。

張純子、鄭博真（2004）。認識圖畫書。載於鄭博真（編），**多元智能教學與圖畫教學**（2-17頁）。群英。

張誌煌（2004）。**時間表現形式應用於兒童圖畫書之研究**〔未出版之碩士論文〕。國立雲林科技大學。

陳海泓（1997）。讓兒童的想像力展翅飛翔──以《瘋狂星期二》導讀為例。**語文教育通訊**，18，43-54。

陳麗秋、陳志洪、曾偲齊（2013）。傳統與數位插畫媒材對視覺藝術創作思考

之影響探究。藝術學報，93，185-198。

黃鈺喬、顏睦家（2020）。獨具「繪」眼——淺析繪畫媒材與繪本主題的關係。http:serc.tn.edu.tw

葉嘉青（2009）。零到六歲幼兒繪本的選擇與應用。台北市立圖書館館訊，3（26），1-16。

維基百科（2024）。插畫家。https://zh.wikipedia.org/zh-tw/%E6%8F%92%E7%95%AB%E5%AE%B6

劉世劍（1996）。文章寫作學。麗文文化。

蔡尚志（1992）。兒童故事寫作研究。五南。

鄭明進（1995）。強中帶柔的彩色筆畫家岩崎智廣。雄獅美術，11，105-108。

謝依婷（2008）。臺灣兒童繪本主題研究——以 1988 至 2007 年繪本為例〔未出版之碩士論文〕。佛光大學。

蘇振明（1998）。認識兒童讀物插畫及其教育性。美育雜誌，91，1-10。

Matsui, T.（1995）。幸福的種子：親子共讀圖畫書〔劉滌昭譯〕。二十一世紀。（原著出版年：1981）

英文部分

Sipe, L. R., & McGuire, C. E. (2006). Picture book endpapers: Resources for literary and aesthetic interpretation. *Children's Literature in Education*, *37*, 291-304.

William, B. O. (1994). Every picture tells a story: The magic of wordless books. *School Library Journal*, *40*(8), 38-39.

CHAPTER 4
圖畫書教學的主題

主題是情節、角色、背景所結合而成的意義整體,是作品的生命,是作品的靈魂,也是作品呈現出來的主要中心思想或主旨,更是指作家在故事中所包含的抽象概念。

本章所要介紹的主題皆與幼兒生活與學習中最息息相關的,藉由圖畫書教材的教學,分別以第一,生命教育;第二,性教育;第三,多元文化教育;第四,環境教育;第五,品格教育等五大主題,直接帶入最貼切的生活處境,並讓幼兒學習不同主題的相關概念。

第一節 生命教育

　　生命教育不是知識的單向灌輸，必須從生命的核心價值出發，如何將圖畫書融入生命教育的教學設計？張湘君與葛綺霞（2000）指出，在設計圖畫書教學時，首先應將生命教育課程意義化的方法傳遞給學生，善用多元智能的教學策略，使學生在觀察、體驗與分享的學習活動中，感受到生命的意義與存在的價值。

壹、幼兒生命教育

　　相關文獻報告指出，以圖畫書作為營造兒童和教師共同經驗的媒介，可建立生命概念主題相關操作或實踐活動（洪藝芬，2003；張純子，2010；張湘君，2000；潘美玲，2006；鄭秀芬，2012；蔡碧玲，2014；蕭秋娟，2002）。若以「圖畫書」出發，對於生活經驗不足的幼兒，卻未必成為單一的方式，操作及實踐部分可輔以安排照顧動植物，因為在照顧動植物時，不僅可以近距離觀察認識動植物，也能從照顧過程經歷生命的成長，感受到經由自己小小的付出，可以對其生命有助益的心情感受，而形成與環境愛的連結，並有助於建立更寬廣的生命觀（鄭小慧，2003）。

一、幼兒生命教育的意涵

　　孫效智（2009）提出生命教育是一種價值觀的教育，也必須是一個潛移默化的過程。圖畫書即是成人和幼兒分享生命教育最好的媒介，它能讓大人以不說教的方式，帶領兒童認識生命的源頭和意義（黃迺毓，

2005）。然而，關於幼兒生命教育的意義，蕭秋娟（2002）指出幼兒生命教育為：「透過童書之引導以及種植和飼養等體驗活動感受生命成長的歷程，增進幼兒尊重生命、同理心、自我肯定、生命態度的生命教育教學歷程。」

因此，「幼兒生命教育」是指促進幼兒個人身、心、靈平衡發展的全人教育，以建立人與自己、人與他人、人與環境之間相互分享、關懷和感恩的關係，並能內化於心，表現於日常生活中（施宜煌等人，2017）。生命教育是要幫助孩子學習接受無法改變的事實及如何去克服困境，即培養面對問題的正向態度；也就是當遇到無法改變的事實，會以坦然的正向態度面對，並確立自我的價值、肯定自我，簡單的說就是能自我關懷。引用徐超聖與劉子菁（2014）所言：「生命教育融入學前與國小階段課程的核心素養與組織方式之研究」，生命教育初級目標為：培養學生體會生命的意義及存在的價值。進階目標為：培養尊重和珍惜生命的情懷。整理具體內涵架構說明詳如表 4-1。

陳淑琦與鍾雅惠（2019）於《幼兒園教保活動課程：文化課程參考實例》提出，幼兒生命教育內涵的主張與幼兒園教保活動課程的關聯。如同潘婷樺（2013）透過圖畫書從己我、人我、人與環境三個面向在幼兒園進行生命教育的教學，引導幼兒了解生命的起源、肯定自我、認識死亡、關懷家人、欣賞他人、尊重生命、愛護環境等。她發現在此歷程中師生都有轉變，對生命有更清楚的認知，也更能表現尊重的態度。因此，幼兒教保活動課程中若有涉及幼兒自己、他人、社會、自然環境等內涵，即是實踐生命教育。依照「幼兒園教保活動課程大綱」的指引，社會領域分為人與自己、人與人、人與環境三大面向（教育部，2017）。參考如表 4-2。

表 4-1 ▪ 幼兒園學習階段的生命教育向度及內涵架構

向度	內涵架構	向度目標
人與自己	1. 了解自己——認識自己的獨特性；學習了解個人的興趣、能力與特質。 2. 欣賞與接納自己——欣賞自己的優點，接納自己的弱點，肯定自我價值；培養自我覺察的能力。 3. 發展自己——發展自己的特質與潛能（多元智能、情緒管理等），運用批判思考，創造正向思維能力，面對日常問題與未來的理想、夢想。	尊重和珍惜自己的生命
人與社會	1. 培養同理心——面對不同的族群、性別和文化時，能學習體驗和尊重多元的價值觀，培養「設身處地」和「感同身受」的能力。 2. 欣賞與接納他人——欣賞他人的優點，接納他人的弱點。 3. 尊重與關懷——關懷弱勢族群或需要幫助的人，創造人際之間和諧的互動。 4. 寬恕與包容——培養寬容、轉變偏見與歧視的態度；從家庭、班級學校、社區社會、世界等生活倫理出發，培養倫理關懷，對社會能有包容性的認識。	尊重和珍惜他人的生命
人與自然	1. 欣賞與愛護自然——藉由親近自然，發現自然之美，進而關懷自然生命。 2. 永續經營自然——藉由觀察生態變化與思考環境問題，體認珍惜自然的重要。	尊重和珍惜萬物的生命
人與天（宇宙）	1. 追求生命的意義——透過正確的生死觀和信仰（宗教）觀，追求正向積極的生命意義與態度。 2. 發現和擁有美德——發展人類美好的特質，培養對靈性的認知和覺察力。	體會生命的意義和存在的價值

資料來源：參自徐超聖與劉子菁（2014）。

表 4-2 ▪ 幼兒園教保活動課程大綱社會領域三面向與內容

學習面向	內容
人與自己	1. 自我認識：外觀特徵、興趣、專長、性別等
	2. 自我保護：身體自主權、照顧和保護自己的身體
	3. 自我肯定：建立自信、喜歡自己
人與人	1. 人際互動：覺察人我異同並聆聽、同理、溝通、關懷、合作
	2. 團體規範：理解、遵守生活禮儀與規範
人與環境	1. 尊重多元價值：含家庭、學校、社區中的人文現象
	2. 愛護環境生態：含家庭、學校、社區中的自然現象

資料來源：參自教育部（2017）。

二、圖畫書對幼兒生命教育的功能

　　圖畫書是講究視覺效果的兒童文學作品，以圖畫貫穿整個故事的情節，引導讀者領受圖畫書中豐富的面貌與所要傳達的意義。圖畫書在幼兒園班級經營的地位日益重要，圖畫書中描寫的民族融合、種族和多元文化群體的社會觀，可以建構幼兒在早期的生命發展，理解他人與肯定他人不同背景的生命教育（吳庶深、黃麗花，2001）。根據專家學者的看法，歸納出圖畫書對生命教育具有以下的功能：

（一）建立價值觀，建構多元觀點

　　圖畫書傳達一個統整經驗，學習者能藉由閱讀，經歷圖畫書中不同的生命故事，主動建構蘊涵於圖畫書中的核心價值，建立自己的價值觀。

（二）拓展生活層面，增加體驗

　　根據視覺學習理論，透過圖像的呈現，提供現實與想像世界的縮影，能帶領學生進入圖畫書主題的核心概念。

（三）豐富想像能力，勇於創造

體驗越多，想像力越豐富，圖畫書正好能提供更豐富的體驗機會，以簡明的文字、細膩的插圖，豐富了想像力和創造力，進而產生學習遷移的效果，奠定幼童學習思考與解決問題的能力。

（四）學習情緒管理，認同自我

圖畫書具有情緒教育的功能，可以提供情緒認同與紓解的管道，啟發學習者的同理心、增進人際互動，以培養解決問題的能力。在面對逆境時能正面思考，並勇於表達自我。

（五）促進心靈成長，全人發展

從圖畫書中可以學習關心生活中的一切，從認識自我，擴展到對周遭生活環境的認識與關懷，進而培養世界之愛，在潛移默化中，實現全人發展的目的。

三、幼兒生命教育概念／主題書單

綜上所述，幼兒學習階段的生命教育向度及內涵的相關論述，其範圍皆包含：(1) 幼兒自我身心的認識；(2) 接納與肯定；(3) 人與人之間的正向互動；(4) 對動植物等其他生命的尊重與欣賞。以下提供相關書單。

（一）人與自己

「了解自己」——認識自己的獨特性；學習了解個人的興趣、能力與特質，以及追求夢想的勇氣。推薦書單如表 4-3。

CHAPTER 4 圖畫書教學的主題

表 4-3 ▪ 人與自己圖畫書介紹

書名	概念	故事簡介
Guji-Guji	自我認同	「Guji-Guji」是一隻鱷魚，由於牠還是一顆鱷魚蛋時不小心滾落到鴨子的家庭裡，面對自己到底是鱷魚還是鴨子的痛苦與困惑，故事展現個體發展中的自我認同，並感受到家庭環境中母親給予其愛與勇氣的力量所發揮的智慧。
帕西波的裁縫夢	追求夢想	小狗帕西波很希望被裁縫師瑪德琳小姐收養，有一天終於引起了瑪德琳的注意，從此帕西波跟著瑪德琳一起忙碌而愉快的在裁縫店裡工作。這個故事以活潑可愛的小狗帕西波來展現個體追求夢想、肯定自我，並積極努力的熱情。

資料來源：筆者自行整理。

（二）人與他人

重視人與人之間的情感交流，明白群己關係以及公共道德的重要性。包括「培養同理心」——面對不同的族群、性別和文化時，能學習體驗和尊重多元的價值觀。推薦書單如表 4-4。

表 4-4 ▪ 人與他人圖畫書介紹

書名	概念	故事簡介
小仙子和小魔女	欣賞他人	小仙子很羨慕小魔女有支神氣的掃把可以飛上天，也可以變出糖果，卻忽略了自己其實也有翅膀可以飛，直到小魔女掉進洞裡，小仙子本能地以翅膀飛起來救了小魔女。從而能接受他人與自己的不同，且能體會與人分享的快樂。

（續下頁）

書名	概念	故事簡介
你看起來很好吃	接納包容	有一隻小甲龍寶寶一出生就遇到一隻不懷好意的大暴龍，結果強悍的大暴龍頓時不忍心吃小甲龍，最後吃葷的大暴龍還和吃素的小甲龍共同快樂的一起生活。進而學習人際在相處互動中，接納異己、彼此關心。

資料來源：筆者自行整理。

（三）人與環境

親近生命、關懷生命，維持一個永續平衡的自然生態，教導幼童建立社區意識，透過對動植物的尊重與愛護，珍惜生存環境，進而能學到關懷社會與尊重其他生命，增進對生命的認知與情意發展。推薦書單如表 4-5。

表 4-5 ▪ 人與環境圖畫書介紹

書名	概念	故事簡介
三隻小狼和大壞豬	心隨境轉	由《三隻小豬》的故事改編為三隻可憐的小狼遇上了一隻強壯又聰明的大壞豬。然而小狼們用最柔軟的花朵與樹葉，讓大壞豬心情變好，最後還成了好朋友。此故事同時能感受「人與他人」及「人與環境」上的互動與影響。
小鼩鼠的鳥寶寶	愛的真諦	由一隻小鼩鼠救了一隻受傷的鳥寶寶開始，牠將鳥寶寶視為自己的寵物。還做了一個鳥籠關住牠，因為牠真的很愛鳥寶寶！這個故事同時能讓成人與幼兒感同身受「愛他，應該放手，想想什麼對他是最好的，並學習珍愛每個生命」。

資料來源：筆者自行整理。

（四）人與宇宙

正確生死觀和信仰（宗教）觀，追求正向積極的生命意義與建立存在的價值。推薦書單如表 4-6。

表 4-6 ▪ 人與宇宙圖畫書介紹

書名	概念	故事簡介
小種籽	生命循環	小種籽在成長旅途中遇到了生命成長會遇到的險阻，隨著四季更替，秋風再次吹起花朵中的種籽，再次帶著種籽飛呀飛，展開另一段新生命，顯現大自然的生生不息。藉著此書，可以讓孩子體會到生命的難能可貴。
小傷疤	面對生死	將原本應該充滿悲傷的故事轉化成一個溫暖的療癒故事，繪者以鮮豔的紅色來詮釋小男孩喪母之痛的心情，代表各式各樣的情緒象徵。傳達孩子面對親人過世的過渡期和情緒，進而幫助孩子從喪親中重建心理。

資料來源：筆者自行整理。

根據學者 J. Donald Walters 認為 0〜6 歲為「打地基的年紀」，是建立孩子人生最重要方向的階段，必須在此階段引導正確的意志（Walters, 1986/2001）。將生命教育的理念從幼兒開始，從小灌輸對生命的認識，教育孩子尊重生命、了解生命、關懷生命，引領孩子在生命教育中，認識自己、接受他人，讓幼兒有更廣闊的認識。因此，教保服務人員以生命教育圖畫書，感動了自己，方能在與幼兒分享時，真實地傳達出情感，把故事說得動聽，讓幼兒印象深刻，潛移默化的在人生中展現出美好的生命（吳庶深、魏純真，2010）。

四、圖畫書教學實施方式

　　整理出經常運用於幼兒生命教育的教學法，包含：圖畫書、影片欣賞、團體討論（教師提問、引導為主）、創作並分享、扮演、體驗（種植、養護、服務、照顧他人等）、學習單以及親子活動等。

　　最常被運用且效果顯著的教學法是「圖畫書教學」，因為圖畫書在幼兒園中容易取得，內容與幼兒生活相關、淺顯易懂，且容易透過故事內容與幼兒進行互動、深入探討，也是每一位實施幼兒生命教育的教師都會選用的教學方法。以下提供兩項實施方式及原則：

（一）故事指導的方法

　　幼兒階段使用很廣。由於幼兒表達方式與成人有別，也受到語言和內省能力限制，故事常能協助幼兒自由表達自己。運用故事技術有三種方法（張純子，2010）：

1. 使用現成故事，功能在提供和幼兒相似經驗，便於協助幼兒可以去討論自己的情感情緒與經驗。
2. 幼兒編故事，通常會在自編故事投射自己的需求與經驗，教師可以用來了解幼兒，以及討論孩子的內心世界。
3. 使用真實故事，通常適用較廣，包括幼兒至成人，選取真實的感人故事用以樹立典範。

（二）融入生命教育的教學設計原則

　　實施圖畫書融入生命教育時應重視以下幾個原則（許杏安、邱惠如，2013）：

1. 重視新舊經驗的銜接：新的訊息能與學習者和原有認知結構中的舊知識產生連結，並將之內化為認知結構的一部分。

2. 選擇貼近幼兒生活經驗的圖畫書：與生活經驗貼近的圖畫書，往往更能引起情感的共鳴，看見自己的內心世界，引導幼兒閱讀圖畫書中多元的生命題材。
3. 善用提問策略：在引導問題技巧方面，宜先以低層次的封閉式問題，讓孩子了解故事的全貌。接著，再以高層次的開放式問題，逐步引導孩子省思圖畫書主題所欲傳達的意涵。

第二節 性教育

「媽媽，我是從哪裡生出來的？」是 3、4 歲孩子常問到的問題，顯示學前階段的孩子已經開始對於自己的出生感到十分好奇（毛萬儀，2001）。圖畫書是父母或師長常使用的幼兒性教育教材，因此對於性的認識與探索，其實從出生的那一刻便已經展開。對幼兒來說，從出生的那一剎那就開始發展性概念（林燕卿，2006）。

壹、幼兒性教育的意涵

性教育是生理、心理與社會層面兼具的教育，性教育是生活教育，更是家庭生活教育的一環，是幫助每一個人對自己的性行為負責任的教育，是發揚人性的品格教育、愛的教育（毛萬儀，2001）。因此，幼兒教育是一個廣泛而完整的教育範圍，應由出生開始終其一生。

晏涵文（2005）從生長發育、人際互動和做決定等三個概念，提出性教育的目的是：

1. 幫助個人正確認識性生理、性心理、性社會三方面的成熟過程，避

免因為錯誤的性知識和性態度受到傷害。
2. 幫助個人對人際關係更加認識、發展自己的性別角色，如：父母、子女、伴侶等，並學習愛、尊重、負責任。
3. 建立正確的觀念和道德觀，才能在「做決定」時有所依據。

綜合以上所述，幼兒性教育的目的，旨在藉由適切的教導，讓幼兒在生理、心理、社會三方面能有正確的性知識與觀念，使其了解個人角色任務、促進人際互動，並培養其對「性」有正確及健全的態度與生活。

貳、幼兒性教育的重要性

根據《性別平等教育法施行細則》[1]第 13 條規定：「性別平等教育相關課程，應涵蓋情感教育、性教育、認識及尊重不同性別、性別特徵、性別特質、性別認同、性傾向教育，及性侵害、性騷擾、性霸凌防治教育等課程，以提升學生之性別平等意識。」因此，「性教育」並非指狹義的性行為教育而已，而是一種人格教育。在成長的過程中，孩子對性別的看法，往往形成他們主要認知、自尊和性格的一部分，也會影響日後與人交往的互動關係。對於在學校、家庭的兒童性發展上扮演著關鍵的重要因素如下：

一、對身心成長的影響

認識與了解身體外觀、了解男女生身體的異同、了解自己從哪裡

---

[1] 本法規自民國 113 年 3 月 8 日發布日施行之。資料來源擷取自 https://law.moj.gov.tw/LawClass/LawAll.aspx?PCode=H0080068

來、動植物會繁衍下一代、了解胎兒在母親肚子裡的成長情形等，以致能接受自己和他人外表，對於孩子日後的人格發展，有著相當重要的影響。

二、性別角色學習

　　幼兒知道不能在公開場合碰觸隱私部位，知道選擇適合自己的如廁方式，知道保持身體的清潔及如廁禮儀。

三、學會保護自己，尊重他人

　　及早展開性教育，可以讓孩子早點認識自己的身體和隱私，並學會保護自己及自身安全，能和同性或異性交朋友，防止孩子因無知而身體受到侵犯，也能尊重他人身體的差異。

四、師長應有的態度

　　幼兒在 2 歲開始進入「性蕾期」，是性別認同的核心發展時期。此階段孩子可透過家庭和幼兒園去探索、認識和了解性別和性角色，成為將來「性成熟」基礎。

參、幼兒性教育概念／主題書單

　　晏涵文等人（1992）在研究國外相關資料後，為使其能更符合各學童之需要，故邀集國內性教育專家、學者、教師等共同組成專家審查會議，訂定出幼兒園至國小各階段的性教育內容大綱：

1. 學習如何保護自己，以避免遭受壞人的傷害。
2. 了解家庭的功能，包括物質及情感的提供。

3. 不暴露身體（生殖器官）並不表示身體的某些部位是可恥的，而是對個人隱私權的尊重。
4. 認識不同植物及動物家族，以了解生命繁衍其同類的生命。
5. 認識人的外形、構造，指出男生、女生在外生殖器官的不同，教導其正確的名稱，及使用廁所的禮節。
6. 男孩與女孩的性別認同與差異。

「幼兒園教保活動課程大綱」公布幼兒性教育的相關內涵，例如：認識身體部位、保護自己、生活自理、覺察自己的身體特徵、覺察自己的外形和性別、辨認自己與他人在身體特徵與性別的異同等概念，均融入至身體動作與健康或社會等相關領域中（教育部，2017）。以下提供相關書單（如表4-7）。

表 4-7 ▪ 幼兒性教育圖畫書介紹

書名	概念	故事簡介
荷光幼兒性教育繪本套書	認識身體、保護自己	孩子在成長過程中對於「性」與「身體」的常見困惑，在日常的生活場景中，透過「回應、設限、引導、開拓新可能」的討論，讓成人能夠輕鬆回答孩子，並教導孩子如何明確地說出自己的感受。協助孩子從認識身體、從傳達性別教育而去保護自己。
我的小雞雞	性器官特徵、精卵結合、懷孕生產、衛生習慣、自我保護	「為什麼我有小雞雞而妹妹沒有？」「小嬰兒是從哪裡來的？」「男女大不同。」談及隱私處、上廁所關門與可能的危險情境部分，讓兒童學習找到自己的界線，並尊重他人的界線。

（續下頁）

CHAPTER ❹
圖畫書教學的主題

書名	概念	故事簡介
媽媽，我是怎麼來的？＋男孩女孩不一樣＋大聲說不可以！	性別啟蒙、自我認知、防止孩子受到傷害	安安的家中有了新成員——妹妹，這讓他非常好奇自己是從哪裡來的？男孩女孩有什麼不一樣？孩子需要藉由了解他人進而確定自己的性別。飛飛碰到了不知道怎麼和媽媽開口的事情，一起和皓皓認識身體的隱私部位，學習大聲說：「不可以」！
你可以說不：保護自己遠離傷害的繪本	身體自主權、自我保護	以兒童簡單易懂的實例及對應的解決之道，讓他們了解如何保護自己，目的在於告訴孩子如何運用常識和判斷力，在遇到緊急狀況時，遠離誘拐和性侵害的方法。
威廉的洋娃娃：我會愛	性別平等	企圖打破性別刻板印象，幫助孩子在建構自我性別認同的過程中，理解個體差異，避免落入二元對立的思維，並且學會尊重他人的興趣和喜好。
蝴蝶朵朵	保護自己、避免遭受性侵害	臺灣第一本以熟人性侵為題材的兒童圖畫書，以情境式的方式引導思考，嘗試以兒童語境，慢慢引導孩子去理解身體議題的重要性。

資料來源：筆者自行整理。

肆、幼兒性教育以圖畫書教學的啟示

　　圖畫書具有多元的教育價值，可擴大幼兒的生活經驗促進人格發展，提供美學感受，增進語文表達能力。根據周俊良與郭素鳳（2010）的《幼兒性教育圖畫書文本分析》顯示：

一、幼兒性教育主題

　　目前倚重圖畫書來呈現的比率，更加顯著與全面。

113

二、幼兒性教育教學輔以圖畫方式呈現

較能去除親師尷尬，顯得自在，而沒有隱晦的感覺，避免親師語焉不詳而讓孩子感到混淆的窘況。

三、幼兒性教育以圖畫書方式學習

故事性內容呈現，以開啟「同時學習原則」，不但能培養幼兒文學鑑賞的情意感知，更可以增加詞彙運用的脈絡線索。

四、幼兒性教育圖畫書的編製

須配合幼兒心理與符應當前社會價值觀，教師在教導幼兒性教育前，應先了解幼兒性教育的概念與主題大綱，進而設計性教育活動。幼兒園可藉由三大途徑進行性教育：隨機機會教育、在生活中落實和發展成教學活動設計（毛萬儀，2001）。教保服務人員於實施性教育時的教學方式與「圖畫書教學」的策略，能讓學前幼兒在學習性教育相關課程時融入教學情境，培養其正確的性知識與性態度。

第三節 多元文化教育

截至 2025 年的臺灣社會，早已存在著不同族群、不同宗教信仰、不同語言及不同生活習慣所形成的多元文化環境。「多元文化教育」成為現今大眾所關注的議題和政府刻不容緩的施政重點。對學前階段的幼兒而言，「圖畫書」使用了美麗的圖像、簡潔的文字來敘述一個主題故事，這無疑是增加知識、豐富生活經驗和培養閱讀能力的最佳入門途

徑。因此，教保服務人員以「圖畫書」當作多元文化教學的題材，不僅能激發學習的動機，在正確的引導下，也能讓孩子認知到包容、尊重和接納不同文化的重要性。

壹、多元文化教育的意義

多元文化教育被認為起源於 1960 年代美國的族群改革運動，而臺灣則是 1990 年代引入，並且在往後逐漸受到重視，進而影響到教育的政策與實踐（劉美慧，2011）。多元文化教育的核心是教導對待不同文化的尊重與欣賞的知識、態度與技能。在幼兒園教保服務的意義和範圍中針對多元文化教育的意義，將其歸納後，可從兩個層面去說明（周宣辰，2017）：

一、幼兒教育層面

為了促進多元文化教育在幼兒教育階段的落實，作為指導性的引導，在臺灣最新一波的幼兒園教育改革，集大成之「幼兒園教保活動課程大綱」（教育部，2017）認為，幼兒園需提供各種社會文化教育的服務，讓幼兒可以由自我文化的認同進而認識和尊重其他不同文化，培養多元文化的素養。可見多元文化教育被納入與重視。在幼兒園教保服務的意義和範圍中提到：

> 幼兒園是一個多元的社會，教保服務人員可提供各種社會文化活動，讓幼兒體驗日常生活中文化的多元現象，有機會從自己的文化出發，進而包容、尊重及體認各種文化的價值與重要。（教育部，2017：2）

二、社會層面

幼兒生活環境中存在著種種差異，包含不同性別、不同年齡、不同社群背景、不同身心狀態等多元現象（教育部，2017：4）。從總目標的第八點提出：

「建構幼兒文化認同」，希望透過「社會文化活動」讓「幼兒認同生長的地方，喜歡生活的環境，並願意與創造新的文化」。（幸曼玲等人，2015：21）

如此是以本土文化的認同為基礎，連結至「啟發幼兒關懷環境」，以「協助幼兒學習認識自然、參與社會、了解文化、接納多元」（幸曼玲等人，2015：21），以接軌全球化的趨勢。

貳、多元文化教育下教師的角色

教保服務人員與其他行業最大的不同之處，就是社會大眾對其有所期望，具有神聖的使命。多元文化教育工作的成敗，教保服務人員在活動中扮演關鍵性的角色：

一、理解自我身心狀態及體認生活環境中多元文化現象

包含個人平時教學所使用的詞彙、所傳達的意義（例如：性別刻板印象）；避免在潛移默化的過程中，形成幼兒對於不同文化的偏見（例如：反個人差異、種族及社經背景的偏見）（教育部，2017：10）。

二、建立幼兒園、家庭與社區的關係

每位幼兒來自不同的家庭,也帶著不同的文化進入幼兒園,在教學過程中,教保服務人員宜重視生活環境中各種文化的獨特性與差異性來實施教保活動課程,使幼兒能體驗並認識不同的文化,進而接納與尊重不同文化(教育部,2017:11)。

教保服務人員是多元文化教育的重要推手,需以上述的面向和扮演角色作為先備知識,如此在面對不同族群的幼兒或幼兒園組織文化時,就能以多元的觀點去探究其差異性,有助於多元文化教育的實踐。

參、多元文化教育概念／主題書單

「多元文化教育」是指由不同族群、風俗、習慣、性別、宗教、地理或語言等組成的人類社會,彼此尊重相互差異,並有權平等參與社會各項活動。

本書在此聚焦在如何運用圖畫書教學成為一種傳達知識的媒介。例如:晨光時間、親職教育日等,邀請不同族群的家長來引導學生對其文化的認識,加上像是品嘗當地美食,或是歌曲的教唱,節慶的介紹與體驗等,都是讓學生與家長交流及開拓視野的好時機,因為多元文化教育不該是「紙上談兵」,實際的接觸才會真正體會到多元文化的真義,讓多元文化教育成為一種生活態度,讓彼此提升自我形象且懂得尊重異文化價值。

一、本土化

本土化某種意義上強調全球化下的本土自身文化。在主體不明的情

況下，可能稱為本土化、在地化或者屬地化（維基百科，2023）。以下提供相關書單（如表 4-8）。

表 4-8 ▪ 本土化圖畫書介紹

書名	概念	故事簡介
123 到台灣	認識臺灣	以數字為主軸，認識臺灣文化、風俗、自然生態等生活與環境內容。讓孩子認識臺灣的同時，也學習基礎數學：數字邏輯、臺灣豐富的動植物與多元的人群。
阿公與我：認識母語文學的夏天	臺語文化	從阿文跟著爺爺接觸臺灣獨有的布袋戲文化中，看見臺語文的書寫方式和臺語文作品的多元面貌，學習到臺語文學史的基礎脈絡，啟蒙大眾對「母語文學」的認識。
過家來寮	客家文化	以可愛的臺灣黑熊和石虎作為故事主角，帶出客庄文化，其中還有日常語彙客語教學故事，生動地表現出客家族群喜歡藉由「串門子」熱絡親友，巧妙地帶入客家人「好客」精神。
三光旅人的時空札記（中英雙語有聲書本）	泰雅文化	講述泰雅小女孩遇見剛從平地搬來的小男孩，向他介紹泰雅祖先和日本人在日治時期建築留存的生活足跡，了解泰雅文化的在地歷史風貌，故事更涵蓋許多日治時期古建築的介紹及三光里在地景色。

資料來源：筆者自行整理。

二、異國文化

對異國文化與新住民的認識、交流、接納，並以相互尊重平等的態度一起生活。不僅協助新住民適應臺灣的環境，輔助下一代在教育上可

以減少隔閡；也藉這個好機會，交流不同的文化特色、學習相處的方式，提升臺灣友善的共融環境，每個人可以因為相互的同理、包容、接納，進而互助合作，寬廣的心可以帶來社會的整體進步。以下提供相關書單（如表4-9）。

表4-9 ▪ 異國文化圖畫書介紹

書名	概念	故事簡介
多元文化繪本東南亞篇（含數位光碟＋教學手偶）	愛與尊重、文化省思	故事係以中、英、日、越、印、泰、緬七國語同時呈現。以兒童學習中心的教育哲學，催化新住民發揮母國文化的主動參與度，遵循兒童文學、文圖創作藝術的創作理念，進行創作實踐，以豐富多元文化教育素材，涵養兒童的多元文化觀。
向世界打招呼	學習多元文化，由打招呼開始	世界人口近80億，每分每秒都有人在打招呼，一般歐、美洲的人互相擁抱親吻，亞洲人習慣鞠躬或握手，原來打招呼這麼多變，看到本書中的這些有趣方式，一起來學習各種打招呼的方式吧！

資料來源：筆者自行整理。

三、節慶文化

　　節慶活動傳承自過去，透過參與節慶活動得以了解這些生活方式的由來，也提升幼兒對不同文化現象的好奇和接納程度。以下提供相關書單（書單如表4-10）。

表 4-10 ▪ 節慶文化圖畫書介紹

書名	概念	故事簡介
節日繪本套書（共十本）	節日故事、習俗活動	年節的來龍去脈，建立節日故事的基本認識，內容包括節日故事、習俗活動。過節的意義在於可以和孩子談天、讓孩子感受家人團聚的意義，並且讓孩子描述過節的經驗、想法，學習表達「分享」和傳達祝福。
跟著世界各地的孩子一起慶祝節日	節慶與文化	世界各國的人們都會為了不同的節日相聚、歡慶或祈福，每個節日各有其緣由，也有不同的儀式或習俗。許多節日，人們會用各式各樣不同的裝扮慶祝活動，認知各自豐厚的文化傳統與歷程。

資料來源：筆者自行整理。

肆、多元文化教育在圖畫書教學為例

多元文化教育不應只著重在認知方面，在情意教學方面也很重要，如何在多元文化課程中培養幼兒自我概念、消除偏見與刻板印象，這些都是課程規劃應考量的地方。

一、配合「節慶」為例

進行圖畫書《跟著世界各地的孩子一起慶祝節日》教學，書中豐富情境呈現各國節日慶祝儀式、場景、服裝、物品等，充分表現節日氣氛與臨場感，增加對異國文化的想像與理解。設計「學習單」讓幼兒畫出「過年」與我們的不同處，以了解及欣賞不同族群的文化；培養幼兒文化知覺態度也是教育應該重視的一環，讓幼兒學會自我認同及了解每個人之間的差異，進而接納他人。

二、「來學媽媽的家鄉話」為例

離開家鄉的外籍人士（媽媽或爸爸）需要適應新環境，又要學習新語言，是何等辛苦與無助，給予新住民家庭關懷，提供他們教養子女的方法，是教保服務人員可以做的事。在每日上學時用不同語言道早安，並於團體討論前使用七種外國語，參考《多元文化繪本東南亞篇》一書（例如：中、英、日、越、印、泰、緬），和幼兒說一聲早安。在課堂上可以一同欣賞好聽的越南兒歌（例如：也可以依據個別班級的族群，規劃認識各種族或不同國籍的打招呼語言或歌曲），在多元文化課程的推動下，朝文化認同及異文化共融方向進行。

三、「多采多姿衣世界」為例

由幼兒為主角當小小模特兒，舉辦各國服裝秀，以不一樣的活動方式讓幼兒體會及了解各國服飾之美。從圖畫書探索中認識不一樣的世界，延伸活動為畫海報、設計邀請函、走秀活動，幼兒都是最佳男女主角。在體驗中，孩子可以認識不同國家服飾、了解不同國家衣服的文化；在實施多元文化教育時，「合作方式」也是運用教學法之一，在群體中每個人應學會接納不同的意見，並與同儕合作完成任務。

第四節　環境教育

在幼兒園方面，教育部於民國 89 年（西元 2000 年）至 93 年（西元 2004 年）推動了一項名為「發展與改進幼兒教育中程計畫」的政策，為期五年。其中將幼兒園評鑑項目的施政主要項目的「社區融合

度」列為納入教保內涵中的主要評鑑項目之一（許玉齡，2003）。環境教育的一部分是跟「自然」相關的教育，也是探討關於能源、汙染原因、生態保育地流失的研究，環境教育是要培養對自然世界負責任的正向態度（Basile, 2000）。另外，Wilson（2010）亦強調兒童早期的價值觀與態度對日後人格發展扮演重要角色，就像他們對自己和周遭世界的了解一樣，應該從幼兒期培養關心環境的精神。

壹、環境教育的定義

2010 年起，已經有我國、美國、巴西、日本、韓國與菲律賓等國訂定《環境教育法》，專門用於推廣並落實環境教育、維護環境生態平衡、尊重生命、促進社會正義、培養環境公民與環境學習社群，以達到永續發展（楊嵐智、高翠霞，2019）。許多環境教育課程與活動都由感官覺知的活動開始，其目的就是在於有意的使用感官以獲得較深刻的環境經驗（楊冠政，1998），但是卻容易受時空的限制。圖畫書中的圖畫能快速、完整、具體地表達場景空間、造型色彩細節，可以在不受時間、空間、人力、經費的限制下，提供學生各種經驗，擴大其生活知覺領域（劉美玲、王佩蓮，2003）。

生態與環境保護一直是教育的重要議題，教育部國教署鼓勵幼兒園發展「環境課程」，除了設計「文化認同」的課程外，同時也著重「關懷環境」的素養，並結合「食農教育」課程，協助孩子認識自然，拉近孩子與自然之間的距離，培養幼兒喜愛自然、尊敬自然，並學會珍惜自然。

貳、環境教育重要性

Davis（1998）則認為幼兒園環境教育是由幼兒、教師與社區民眾一起合作分析環境問題、關於對環境的價值觀、態度、倫理與行動，是一種思考與實踐，使我們正向地面對目前的環境與社會問題，除了透過戶外活動、自然經驗發展幼兒的認知、社會能力之外，也要培養幼兒與其他物種共享土地的情懷、對生態棲息地的維持與保護、學習做資源愛護者，以發展環境改變的行動力。

De Young 與 Monroe（1996）認為使用故事是直接經驗的有效替代方法。Monroe（1991）認為有趣的故事可以增進個人從事保護行動的態度。Dowd（1991）將科學事實納入自然虛擬的故事中，可以增加學生對生態原則與環境問題的了解，亦可以幫助建立價值觀（Moser, 1994）。坊間出版許多兒童文學作品，其中包含不少環境概念，可以將其利用在學校教室中（林明瑞等人，1999）。

參、環境教育概念／主題書單

教學活動設計以圖畫書為媒介，希望藉由不同的方式讓幼童了解人類如何利用環境、利用環境的情形，以及不當利用環境的結果，最後探討我們應如何「保護環境」，希望對人類開發活動與環境問題的產生有所認知之後，培養其環境責任感。歸納出：(1) 人類開發活動；(2) 環境責任；(3) 自然生態環境的概念，以下提供相關書單（如表 4-11）。

表 4-11 ▪ 幼兒環境教育圖畫書介紹

書名	概念	故事簡介
小房子	人類開發——環境改變	全書以一棟會好奇、會孤獨,也會害怕、傷心和快樂的粉紅色小房子,帶讀者透過圖與文的對話,具體看見在四季更迭的時光流轉,環境一點一點的變遷,體會生命與自然的美好。
挖土機年年作響——鄉村變了	人類開發——生活改變	當我們一張一張打開圖片,眼看青蔥的草地變成水泥大樓、路邊的田埂變成密密麻麻的高架道路,環境生態的破壞躍然眼前,讓孩子去體會與見識從鄉村變為城鎮都市的演進與風貌,並去思考討論其影響和好壞。
發現小錫兵	環境責任——資源回收再利用	拾荒的手,把撿來的空罐頭、小錫兵和芭比娃娃交給小男孩。父子倆一起動手把空油罐做成車身不同的模樣,描述著文明世界的垃圾如何重生的典範。
浮冰上的小熊	環境責任——珍愛地球	有一天,突然一聲巨響,浮冰要沉了,爸爸媽媽保護著小熊,幸運的找到一塊浮冰,可是浮冰漸漸融化。透過這個角色可愛、色彩柔美的故事,在孩子心中撒下「關懷生命、珍愛地球」的種子。
普普的新房子	環境責任——愛護海洋生物	從一隻找不到殼的小寄居蟹普普,探討自然環境的破壞。如果故事令人心有戚戚焉,那麼,到海邊玩時,除了不亂丟垃圾,也不要隨意撿拾貝殼!
福爾摩莎自然繪本	自然生態環境——態度與情意	以孩子在日常生活中,身邊常見的生物為主,有龍葵、蝸牛、無尾鳳蝶、木棉,透過故事傳遞關於自然、關於生態、關於環境的態度與情意。

(續下頁)

書名	概念	故事簡介
從山裡逃出來·垃圾，丟啊！	愛護環境——環保行動	各式各樣的動物，從山裡大家使盡全力逃命。從大量消費、大量丟棄物品的人類文明出發，而當兩者於「垃圾掩埋場」交會時，文明對棲息於自然的生物以及土地所帶來的浩劫，何其慘烈！
食農教育小田園繪本套書——美好豐收	愛護環境與珍惜自然	蘇菲的爺爺奶奶有一座蔬菜園，那裡生長著各種豐美的蔬菜。她認識了好多蔬菜的種植方式，從體驗中知道當個小農夫可真是不容易。

資料來源：筆者自行整理。

肆、環境教育在圖畫書教學為例

綜合 Daisey 與 Dabney（1997）、鄭蕤（1987）、王碧華（1992）、林敏宜（2000）、沈怡伶（2020）等人的觀點發現，運用文學作品或兒童故事進行教學的方法很多，依教學方式，大致可分為聽、說、讀、寫等活動。以《食農教育小田園繪本套書——美好豐收》為例：

一、圖畫書說故事前

主動探索校園裡的自然環境生態（認知），主要在引起幼兒的興趣與學習動機，喚起舊經驗。

二、圖畫書故事進行中

（一）目標

1. 需注意幼兒的反應，適時提出問題進行討論，學習正確使用觀察和記錄（身體動作與健康、認知、語文）。

2. 體驗種植過程與感受環境的美（美感、情緒）。

（二）進行方式

1. 幼兒園老師帶著孩子體驗一系列的生態課程。
2. 從觀察、探索到植栽體驗校園多樣的生物。
3. 利用《浮冰上的小熊》、《從山裡逃出來‧垃圾，丟啊！》圖畫書講述與討論，告訴幼兒環境責任——珍愛地球，愛護環境從動手做環保開始，廚餘與動物糞便的再利用特性，廚餘可以作為植物的肥料，讓幼兒認知對廚餘回收再利用的概念。

三、故事進行後

是圖畫書故事延伸活動，例如重述故事、製作小書、角色扮演課後作業／問題等，以幫助幼兒對故事的理解，並鼓勵幼兒表達自己的感受及想法等。

第五節 品格教育

品格教育是一項需要長期且向下深耕的培育過程，必須透過持續的教學、示範、學習與實踐，才能夠涵養個人心性，所以家庭、學校是培養孩童良好品格的最佳場所。幼兒園重視幼兒之間的人際互動，營造溫馨和諧的師生關係與校園氣氛，注意幼兒的行為習慣，透過教師的正面引導與示範，對於幼兒的道德認知與行為通常會有正面的影響（魏美惠、戴秋蓮，2012）。

壹、品格教育的意涵

「品格」是一個人的品行與風格,品格較注重個體對人、對事的自主自動及自然的反應及表現,良好品格也是指個人的道德修養程度,道德乃是陶冶與培養良好品格的重要因素(張春興、林清山,1983)。

品格教育的定義說法十分多元,狹義而言,品格教育是指透過特別的道德訓練,以特別的價值觀及學習活動,配合學生的天性與學習模式進行教學;廣義言之,品格教育包含一切非正式課程所進行的活動,教導學生成為好人(Kohn, 1997)。

Ryan(2003)針對美國二次大戰後的品格道德教育缺失,進而提出六 E 策略(The six E's of character education)來作為品格教育改善的方向,他所提出的教學概念模式內容如下:

1. 榜樣(Example):教學者本身即為道德示範,並能提供歷史文學或現實社會中值得學習的英雄或人物典範。
2. 解釋(Explanation):教學者能與學生真誠對話,以解除疑惑,啟發道德認知。
3. 勸勉(Exhortation):從情感上激勵學生的良善動機,鼓勵其道德勇氣。
4. 環境(Environment):教學者應營造彼此尊重與合作的學習環境。
5. 體驗(Experience):鼓勵學生積極參與,親身體驗個人對別人或社會的貢獻。
6. 期許(Expectation):透過獎勵與表揚,協助學生自己設定合理、優質的品德目標,並自我激勵、追求成長。

綜上所述,「品格教育」是教育學生知善、行善,並內化成習性的

歷程（黃德祥、謝龍卿，2004），可藉由教育與學習歷程培養其「為人處事」的基本態度，讓孩子能從中學習包容與尊重的多元性，幫助孩子表現個人特質，積極開發自己的潛能，並進一步從學習中促進自我了解、尊重他人、關懷社會。在幼年階段若能建立良好的品格，未來就有更好的適應新環境能力，同時可應付生活中的許多挑戰（陳密桃、陳埩淑，2003）。

貳、品格教育的重要性

教育部由 2003 年 9 月成立「品德教育工作小組」，並於 2004 年 12 月制定「品德教育促進方案」，更於 2019 年頒布修正的「教育部品德教育促進方案」，揭示著重「品德核心價值」與「行為準則」的深耕及推廣，同時為了深化推動效能，將因應社會發展持續滾動修正。對應十二年國民基本教育課程總綱，對「道德實踐與公民意識」的說明是：「具備道德實踐的素養，從個人小我到社會公民，循序漸進，養成社會責任感及公民意識，主動關注公共議題並積極參與社會活動，關懷自然生態與人類永續發展，而展現知善、樂善與行善的品德」（教育部，2014：6）。

幼兒品格教育方面，國內「幼兒園教保活動課程大綱」（教育部，2017）涵蓋品格教育，總綱裡提到的宗旨為「陶養幼兒具備仁的教育觀，承續孝悌仁愛文化，愛人愛己、關懷環境……」，總目標中的「養成幼兒良好習慣、增進幼兒倫理觀念、培養幼兒合群習性、啟發幼兒關懷環境」等目標，都與品格教育息息相關（教育部，2017：3）。

品格教育作為核心素養，強調培養學生適應現在生活及面對未來挑戰，所應具備的道德發展知能、樂善態度和行善的意願，特別關注學習

與生活的結合,以期透過實踐履行彰顯學習者的全人發展。若作為教育的具體議題,在校園裡需要融入到所有的教育活動,不論是正式課程、非正式課程、潛在課程,不分教學、生活、活動、輔導等,需要貫徹方案所揭示「統整融合」的實施原則(李奉儒,2005)。

參、概念／主題書單

圖畫書融入幼兒品格教育相關研究:蕭麗鳳(2008)和楊淑禎(2011)均發現,品格圖畫書對幼兒的學習具有影響力和吸引力,經過品格教育圖畫書教學後,幼兒在尊重、責任與關懷三項品格核心概念之實踐有好表現。例如:幼兒對家人、朋友、環境等,表現出尊重與責任的具體行為與態度。

另外,**魏美惠與戴秋蓮(2012)**研究則發現,以圖畫書實施品格教育能有效提升幼兒良好行為表現,尤其在尊重、關懷、責任、分享的品格行為上有具體的表現。因此歸納出:(1) 尊重;(2) 關懷;(3) 責任;(4) 分享的概念,表 4-12 提供相關書單。

表 4-12 ▪ 幼兒品格教育圖畫書介紹

書名	概念	故事簡介
真是太過分了	尊重——將心比心	農場上住著一隻貓咪和許多其他動物,有一天……「出去!給我出去!」女主人掃把一揮,貓咪「咻」的被掃地出門。藉由動物的反應與栩栩如生的表情,認識各種情緒反應。

(續下頁)

書名	概念	故事簡介
小蝌蚪茶茶	尊重——不要嘲笑他人	隨著成長過程必須經歷的身體變化，讓小蝌蚪茶茶對自己產生了質疑、恐懼和退縮，直到再度被相同經歷的同伴接納，才又成為快樂的小青蛙。
你是我最好的朋友	尊重——謙恭有禮	鼴鼠迷路後摔了一跤，滾進了灌木叢，他在那裡遇見了一隻小狼。小狼怕黑，鼴鼠就陪他玩耍，兩人成了好朋友。怕光的鼴鼠在小狼的幫助下終於回到自己的家，展現了純真的友誼。
我不喜歡你這樣對我	尊重——不欺負別人	在叢林裡發生了一連串大欺小、強欺弱的事件，「我不喜歡……」「我不想……」，教會孩子對不喜歡或讓自己不舒服的嘲笑戲弄時說不，必須從日常生活中開始。
南瓜湯	責任——做好自己該做的事	如何才能煮出一鍋味道剛剛好的南瓜湯？在貓、松鼠和鴨子各司其職的完美合作下，雖然有不能不面對的麻煩，卻也充滿令人無法抗拒的魅力與深情
我和我家附近的野狗們	責任——答應的事要做到	小男孩因為太怕狗，只好「裝作一棵樹以免被狗咬」，還畫了張地圖要「找一條沒有狗的路」。不過，看到捕犬隊抓走野狗，男孩也忍不住同情起牠們，一起討論流浪動物話題。
妮妮的紅長褲	責任——為自己的決定樂於接受	不管什麼事，妮妮都想自己做決定。要是媽媽為她做了什麼決定或是提供意見，她都會大聲說：「不要！」媽媽帶妮妮去買長褲，妮妮選了一條大紅色長褲，沒想到買了之後被小朋友嘲笑，媽媽要妮妮學習為自己的決定負責。

（續下頁）

CHAPTER ❹
圖畫書教學的主題

書名	概念	故事簡介
我會整理	責任——對自己負責	養成十個好習慣：不賴床、自己上廁所、洗手、刷牙、吃飯、整理收拾、洗澡、洗頭髮、睡覺、不尿床，這些主題與孩子的日常生活息息相關，書中的每一頁都有操作機關，增加互動性，記憶更深刻。

資料來源：筆者自行整理。

肆、品格教育在圖畫書教學為例

一、教室內外的事件隨機轉換為品格核心的題材

　　圖畫書是增進品格價值澄清的好幫手，以圖畫書作為品格教育課程設計的教材，課程富趣味性，能吸引幼兒的興趣，加上配合品格核心所能運用的圖畫書多且廣，完全能快速分享品格的核心概念，增進幼兒對核心價值的建構。

二、運用六 E 教學模式

　　游玉燕（2012）研究指出，實施多年的品格教育，再一次回顧更堅定品格在幼兒生活中的重要，為了增進品格厲行，將透過「模仿與示範」強化及發展幼兒的品格體驗；並將五 E 提升為教育部品格促進方案中的六 E，加入正向的期許（Expectation），透過獎勵與表揚，協助孩子能自我激勵，不斷追求成長。

三、圖畫書的選擇要點

　　確定核心價值並定義後，接下來就得面對圖畫書的選擇。教師們在

幼兒園展開圖畫書的探索歷程，除了考量富有品格核心的意涵，領域的廣度，還要合適幼兒年齡能理解的內容。在教師完成各自的確認後，即可以開會分享各自的觀點並交互討論。

四、每一本圖畫書提列其中隱含的核心價值

每個教師都可能有不同的解讀，因而產生不同的意義和感受，所以每位教師都先提列其中隱含的核心價值，以利於教學的設計與討論。藉由一次又一次的循環歷程，成就教師的分析及課程設計能力。

五、品格教育教學的分享與討論

各班教師必須配合幼兒興趣、需求和能力，各自調整內容的深淺及探究的重點，如大班可以營造道德兩難的討論，小班則在於正向榜樣的討論。結束一本圖畫書的教學後，便會再次展開討論，分享實施的心得及面臨的困難，還有幼兒及後續家長的回應。

六、品格教育圖畫書發問程序

引用林維姿（2004）於圖畫書、故事書、童書或詩文的討論思考與分享 SHOWED 發問問題程序：
1. See：看到什麼，說出什麼。
2. Happening：發生什麼事？
3. Our：和我們生活有什麼關係？
4. Why：事情為何會發生？
5. Empowered：我們如何更有能力來解決問題。
6. Do：我該如何去做？（實踐）

運用圖畫書的不同屬性，從自己開始，推己及人到社會、大自然

等，將故事融合於生活中達到較大的教學效益，且資源的收集方便，的確是培養幼兒品格的好幫手。

結語

　　主題多元的圖畫書，剛好可扮演協助孩子學習各種主題的重要角色。孩子除了可藉由體驗書中主角的經驗，產生對自己的認同與喜愛，也能促使孩子有更多勇氣嘗試新鮮事，進一步培養出不同的能力。隨著環境的多元化，政府與學校多年來致力推廣對異國文化與性別平等教育的認識並學習，以相互尊重平等的態度相互對待！藉著圖畫書認識的好機會，交流不同的文化特色，學習相處的方式，提升每個人可以相互的同理、包容、接納，進而互助合作。

　　筆者衷心希望藉由教師們引導、適切掌握討論的關鍵與重點，師生可從讀者的角度共同討論，一起探究作者於圖畫書中隱含的意念而共聚焦點，彼此享受愉悅的閱讀經驗；經由此過程，兒童可以直接或間接了解圖畫書中的主題，作為建立個人價值、生活觀的參考；這樣的「寬廣」必須從小教育陪伴開始。因應社會型態轉變益趨明顯，市場上圖畫書在多元議題的討論上，也越來越受到重視；而這些討論，同時需要成人的開放與認同，透過師生的對話才能更趨近推廣的本質，而圖畫書的故事就是一個很好的素材，從師生、親子的參與，成人小孩都可以進一步聚焦，認識就在生活周遭環境，隨著不同的文化美感而豐富視野。

課後作業／問題討論

1. 幼兒生命教育的向度有哪幾種？其目標為何？
2. 幼兒性教育的意涵？有哪三個重要概念是主要的教學目的？
3. 多元文化教育的意義為何？教師的角色為何？
4. 環境教育的定義為何？圖畫書教學的方法？
5. 品格教育的意涵為何？如何運用 SHOWED 的發問技巧？
6. 採分組專題報告方式進行：從「生命教育、性教育、多元文化教育、環境教育、品格教育」這五種主題選擇一個，參考以下表格找一本圖畫書嘗試分析主題的核心概念。

主題		概念	
圖畫書名稱：			
作者／繪者：			
出版社：			
內容大綱：			
教學方法：			
相關圖畫書：			

參考文獻

中文部分

毛萬儀(2001)。幼兒性教育。啟英。

王碧華(1992)。一個兒童文學活動的設計、實施、與觀察〔未出版之碩士論文〕。國立臺灣師範大學。

吳庶深、黃麗花(2001)。生命教育概論——實用的教學方案。學富。

吳庶深、魏純真(2010)。幼兒繪本的生命力——幼兒生命教育繪本的內涵及教學指標之初探。幼兒教保研究期刊,4,19-33。

李奉儒(2005)。尊重與關懷作為學校品格教育的核心。國教天地,159,20-29。

沈怡伶(2020)。環境教育繪本對保護森林資源珍惜用紙覺知之研究——台北市福星附幼之個案分析〔未出版之碩士論文〕。法鼓文理學院。

周俊良、郭素鳳(2010)。幼兒性教育圖畫書之文本分析。載於黃文樹(編),幼稚園繪本教學理念與實務(87-110頁)。秀威資訊。

周宣辰(2017)。幼兒園教保活動課程大綱之多元文化教育意涵評析。教科書研究,3(10),133-158。

幸曼玲、楊金寶、丘嘉慧、柯華葳、蔡敏玲、金瑞芝、郭李宗文、簡淑真、林玟君(2015)。新課綱想說的事:幼兒園教保活動課程大綱的理念與發展。心理。

林明瑞、鄭蕤、譚智哲(1999)。兒童文學中環境概念之研究。中華民國八十八年度環境教育研討會論文集(30-33頁)。台北市立師範學院。

林敏宜(2000)。圖畫書的欣賞與應用。心理。

林楚欣、廖彗茹(2009)。幼兒生命教育課程實施之成效。朝陽學報,14,

1-32。

林維姿（2004）。生命教育方案對國小學生失落情緒適應之效果研究〔未出版之碩士論文〕。臺北市立師範學院。

林燕卿（2006）。台灣性教育現況與展望。樹德科技大學人文電子學報，2（1），1-4。

施宜煌、江昱明、陳碧雲（2017）。幼兒生命教育：意義、內涵、目的、實施與省思。幼兒教保研究期刊，18，29-46。

洪藝芬（2003）。「101好書」繪本主題分類與遊戲～生命教育～。幼教資訊，153，47-51。

孫效智（2009）。台灣生命教育的挑戰與願景。課程與教學季刊，12（3）。1-26。

徐超聖、劉子菁（2014）。**生命教育融入學前與國小階段課程的核心素養與組織方式之研究**。國家教育研究院委託之生命教育融入12年國民基本教育課程之研究子計畫二，20-21。

晏涵文（2005）。**性、兩性關係與性教育**。心理。

晏涵文、李蘭、白瑞聰、林燕卿（1992）。幼稚園至國小六年級學生、家長及教師對實施性教育內容之需求研究。衛生教育雜誌，13，1-17。

張春興、林清山（1983）。**教育心理學**。東華。

張純子（2010）。生命教育實踐關懷倫理學：一位幼兒教師的個案研究。幼兒教保研究，4，55-77。

張湘君（2000）。**兒童圖畫書——推行幼兒生命教育的好幫手**。與生命有約——幼兒生命教育統整教學。臺北市政府教育局。

張湘君、葛綺霞（2000）。**生命教育一起來**。三之三文化。

教育部（2014）。**十二年國民基本教育課程綱要——總綱**。教育部。

教育部（2017）。**幼兒園教保活動課程大綱**。教育部國民及學前教育署。

許玉齡（2003）。幼稚園評鑑方案的設計與實施建議。國教世紀，206，3-8。

許杏安、邱惠如（2013）。繪本裡的生命教育。**臺灣教育評論月刊，2**（12），122-125。

陳密桃、陳埩淑（2003）。多元智能理論在幼兒品格教育教學上的探討。**教育研究月刊**，110，48-56。

陳淑琦、鍾雅惠（2019）。**幼兒園教保活動課程：文化課程參考實例（上下冊）**。教育部國民及學前教育署。

游玉燕（2012）。品格教育之實踐與省思——以臺北市私立三民幼兒園為例。**兒童照顧與教育**，9（2），47-53。

黃迺毓（2005）。《遇見圖畫書》看見生命花園（曾心悌採訪）。**好消息雜誌**，128，18-19。

黃德祥、謝龍卿（2004）。品格與道德教育的內涵與實施。**教育研究月刊**，120，35-43。

楊冠政（1998）。**環境教育**。明文。

楊淑禎（2011）。**運用以尊重、責任為主題的圖畫書進行幼兒品格教育之行動研究**〔未出版之碩士論文〕。國立臺北教育大學。

楊嵐智、高翠霞（2019）。環境教育議題融入課程的回顧與展望。**教育研究與發展月刊**，2（15），1-26。

維基百科（2023）。本土化。https://zh.wikipedia.org/zh-tw/%E6%9C%AC%E5%9C%9F%E5%8C%96

劉美玲、王佩蓮（2003）。以繪本為媒介進行環境議題教學之研究。**環境教育學刊**，2，93-122。

劉美慧（2011）。我國多元文化教育之發展與困境。載於國家教育研究院（編），**我國百年教育回顧與展望**（221-235頁）。國家教育研究院。

潘美玲（2006）。**圓生命教育的夢——從體驗活動進行幼兒生命教育**〔未出版之碩士論文〕。國立新竹教育大學。

潘婷樺（2013）。**運用繪本進行生命教育之協同行動研究**〔未出版之碩士論

文〕。國立東華大學。

蔡碧玲（2014）。幼稚園教師實施幼兒生命教育現況之調查研究——以宜蘭縣為例〔未出版之碩士論文〕。國立東華大學。

鄭小慧（2003）。與生命對話——照顧動、植物。蒙特梭利，47，41-43。

鄭秀芬（2012）。生命教育繪本融入教學之行動研究——以一所幼兒園為例〔未出版之碩士論文〕。輔仁大學。

鄭蕤（1987）。幼兒故事教學法示例。幼兒教育年刊，1，68-77。

蕭秋娟（2002）。幼兒生命教育教學與實踐之研究〔未出版之碩士論文〕。國立臺北市師範學院。

蕭麗鳳（2008）。幼兒品格教育融入繪本教學之行動研究〔未出版之碩士論文〕。樹德科技大學。

魏美惠、戴秋蓮（2012）。幼稚園實施品格教育之行動研究——以中部一所私立幼稚園中班幼兒為例。幼兒教育年刊，23，177-199。

Walters, J. D.（2001）。生命教育——與孩子一同迎向人生挑戰〔林鶯譯〕。張老師。（原著出版年：1986）

英文部分

Basile, C. G. (2000). Environmental education as a catalyst for transfer of learning in young children. *The Journal of Environmental Education*, *32*(1), 21-27.

Daisey, P., & Dabney J. (1997). Learning from others-using biographies can increase student interest in plant science. *Science and Children*, *34*(6), 40-42.

Davis, J. (1998). Young children, environment education, and the future. *Early Childhood Education Journal*, *6*(2), 117-123.

De Young, R., & Monroe, M. C. (1996). Some fundamentals of engaging stories. *Environmental Education Research*, *2*(2), 171-187.

Dowd, F. S. (1991). Storybooks: Stimulating science starters. *School Library Media*

Quarterly, 19, 105-108.

Kohn, A. (1997). Why not to teach values: A critical look at character education. *Phi Delta Kappan, 78*, 429-439.

Monroe, M. C. (1991). *The effect of interesting environmental stories on knowledge and action-taking attitudes*. Environmental Attitudes, January 1991.

Moser, S. (1994). Using storybooks to teach science themes. *Reading Horizons, 35*, 139-150.

Ryan, K. (2003). Character education in the United States. *Journal for a Just & Caring Education, 2*(1), 75-85.

Wilson, R. A. (2010). Environmental education programs for preschool children. *The Journal of Environmental Education, 27*(4), 28-33.

實務篇

CHAPTER 5
圖畫書的選擇與應用

本章從選擇一本優質圖畫書開始，包括清楚明瞭兒童發展年齡及特性，進而分析兒童文學要素，作為評量優質圖畫書的依據。接著，筆者提供圖畫書相關資源，以增加教育工作者圖畫書教學策略的運用與作法。

希望透過本章四節次的介紹：第一，圖畫書的適用對象；第二，圖畫書的文學要素分析；第三，圖畫書的閱讀策略；第四，圖畫書的教學方法。能讓讀者對選擇與應用圖畫書更具信心，並且喜愛及樂於與幼兒分享。

第一節 圖畫書的適用對象

　　日本福音館館長松居直強調：如果要讓孩子不討厭書，甚至進而愛書，最好的啟蒙書就是圖畫書（Matsui, 1981/1995）。由於兒童年齡性別興趣與心智發展的不同，對於圖畫書的喜好也會各有差異。葉嘉青（2018）依據學齡前幼兒在不同年齡層於身體、心理、社會、智能領域的發展特質，提出一些與幼兒分享圖畫書的應用方法，以期提升與幼兒相關的知識、技巧、性格與感覺。

　　以下提供從 1～8 歲嬰兒→幼兒→兒童給予不同心智與年齡不同應用圖畫書的必要考量（葉嘉青，2009；蘇振明，2006：35-36）：

壹、1～2 歲嬰幼兒期

　　此階段的嬰幼兒圖畫書結合感官體驗策略，發展出可看可聞、可咬、可泡水等遊戲性圖畫書，建立嬰幼兒把圖畫書視為玩具的初階概念（如表 5-1）。

表 5-1 ▪ 1～2 歲嬰幼兒期

發展特質	圖畫書應用	參考圖畫書
1 歲左右，隨身攜帶著東西到處走動。或許會拿一本書給你，想表達的意思是：「讀它」。	• 提供可以讓孩子自由探索的故事空間。當孩子表現出對圖畫書有興趣時，坐下來與其一起分享圖畫書。	1. 我最喜歡洗澡了 2. 好餓的毛毛蟲 3. 寶寶喜歡吃 4. 寶寶不想睡

（續下頁）

CHAPTER 5 圖畫書的選擇與應用

發展特質	圖畫書應用	參考圖畫書
	• 此階段嬰幼兒適用遊戲、探索、指稱命名,結合感官體驗策略,運用可看、可聞、可咬、可泡水之遊戲性。	
1歲左右,能正確地看著被命名的圖案(例如:「小馬在哪裡?」)。當聽到談話中提到自己的名字時,會去注意。	• 分享簡單的圖畫書,指著圖畫命名,也鼓勵孩子指出書中的圖畫,在所說的故事中,使用孩子的名字。	
1歲幼兒,對於日常生活中發生的事情,表現出極高的興趣。	• 提供一些孩子可獨立完成任務的故事(例如:自己穿衣服)。將孩子的名字用在與他們的經驗相連結的故事裡。	
2歲左右,喜歡問問題,有時會不斷地重複(例如:「這是什麼……那是什麼?」)。	• 強化孩子的語言發展、擴充認知理解能力、累積字彙量,還能培養孩子的同理心。 • 分享其中包含了一些簡單、可預期的問題的故事(例如:「誰藏在窗簾的後面?」)。	1. 小波在哪裡 2. 小雞逛超市 3. 十四隻老鼠大搬家 4. 抱抱 5. 包姆與凱羅的天空之旅
2歲左右,對於性別與認同產生興趣。	• 分享有關學步兒的故事,避免故事中的男、女主角出現角色刻板印象的情形(例如:男生總是勇敢,女生總是依賴)。	

(續下頁)

發展特質	圖畫書應用	參考圖畫書
2歲左右，進行較複雜的遊戲，伴隨了一些道具的扮演。會利用物品創造想像的遊戲（例如：以一塊積木在地板上，模擬汽車開動，並發出聲響）。	• 為孩子介紹較複雜，具有幻想成分的故事。	
2歲左右，孩子會根據不同文化的閱讀傳統，了解書本的使用與閱讀模式（例如：從前面到後面，從上面到下面）。	• 為孩子示範拿書的方法與閱讀的常規。用非母語的語言，為孩子介紹圖畫書。	

資料來源：參自葉嘉青（2009）。

貳、3～4歲幼兒期

　　此階段的幼兒是透過圖形認識事物，圖畫書對他們而言像是一本非文字圖畫書，從文字導向認知、觀察、探索、想像，也是看圖說故事的重要階段，可以找尋相關主題性圖畫書閱讀（如表 5-2）。例如：可以指認出熟悉的文字。

　　幼兒們可以指認某些日常生活中經常接觸的文字符號，例如：他會告訴你他認識《小金魚逃走了》封面標題的「小」，這顯示他們曉得文字不同於一般的圖形，代表著特殊的意義，也有特定的「名字」（字音）。

CHAPTER 5
圖畫書的選擇與應用

表 5-2 ■ 3～4 歲幼兒期

發展特質	圖畫書應用	參考圖畫書
3 歲時發展約 1,000 個字彙，能夠談論感覺（例如：「噴火龍很傷心，他為什麼在哭？」）。	• 無字圖畫書導向認知、觀察、探索、想像等相關主題性圖畫書的閱讀，藉以達成圖像思考和語言發展的多元效應。 • 幫助孩子了解故事中所傳達的感覺。當分享故事時，問一些簡單有關於感覺的問題（例如：噴火龍「生氣時會怎麼做？」）。	1. 小毛，不可以 2. 第一次上街買東西 3. 好想吃榴槤 4. 猜猜我有多愛你 5. 我變成一隻噴火龍了！ 6. 小黑熊形狀遊戲書：圓形三角形正方形 7. 啵！啵！啵！海裡有什麼呢？
3 歲左右，能夠做比較與正確地使用概念，例如：裡與外、高與矮。會對一些問題有所回應，例如：「獅子和老鼠誰比較大？」；喜歡將事物分類。	• 提供概念類的圖畫書，並且延伸討論其中的插畫。分享資訊類的繪本，以提供給對世界越來越感到好奇與了解的孩子一些證據。	8. 丹丹的帽子 9. 我想和你一起玩 10. 小手變變變
3 歲左右對於故事主角的經驗與人際關係有興趣，所能使用的字彙數增加。	• 提供與孩子經驗有關的圖畫書，讚賞孩子的說故事技巧，並且透過問問題去延伸故事；或是透過成人的評論來豐富孩子的語言（例如：《小熊包力刷牙記》要去看醫生，我們稱他們為牙醫）。	

資料來源：參自葉嘉青（2009）。

參、4〜6歲幼兒期

此階段的幼兒是自我概念發展的初期,有關「生活」和「心理成長」的圖畫書,可以提供孩子自我了解進而促進自我和他人的理解、互動與溝通,並從自我與環境形成良性發展(如表 5-3)。

表 5-3 ▪ 4〜6 歲幼兒期

發展特質	圖畫書應用	參考圖畫書
4 歲時,能使用約 1,500 個字彙;能正確地為許多物品和動作等命名。	• 提供故事情節、角色與情感豐富的圖畫書,容易吸引孩子興趣。 • 從讀圖的階段慢慢進入讀字的階段。	1. 棕色的熊、棕色的熊,你在看什麼? 2. 會飛的抱抱 3. 蚯蚓的日記
能分辨或讀一些字,喜歡與其他孩子及成人交談。	• 讓孩子透過說故事或戲劇扮演,詮釋故事中的角色與情節。	4. 可以跟你做朋友嗎? 5. 為什麼要說對不起?
讀寫能力持續發展,了解讀寫能力在日常生活中的重要性。	• 提供可預期故事結果的圖畫書,以及容易閱讀的圖畫書,以幫助孩子練習成為一位獨立有自信的讀者。	6. 三個強盜 7. 月亮,晚安 8. 小藍和小黃
5 歲時,開始知道現在、過去、未來的相對關係,也知道日、夜及四季的概念,並且開始在語言中會使用。	• 對文化的多樣性感到好奇,並開始了解人們的動機,提供包含了多元文化概念、資訊類、沒有文字的圖,訓練孩子邏輯推理能力。	
能依照指示及步驟完成一件事。	• 選擇一些工具書種類的圖畫書〔例如:教室內	

(續下頁)

發展特質	圖畫書應用	參考圖畫書
	各學習區（角）參考用書〕，與孩子一面閱讀，一面依照書中文字及圖畫的說明，按著步驟共同完成一件作品（例如：一個蛋糕）。	
發展自我定位及對個人特質的欣賞，建立人際關係與發展社交技巧。	• 有關不同特質孩子的圖畫書，與孩子談情緒的管理以及與其他人之間建立關係的圖畫書，並讓孩子談論自己的人際交往情形。	

資料來源：參自葉嘉青（2009）。

肆、6～8 歲學齡期

此階段的學童想像力豐富，喜歡幻想有趣的神話、童話的文學性圖畫書。此階段也是圖畫書最大讀者群，教保服務人員可以將圖畫書運用在幼小銜接的橋梁（如表 5-4）。

表 5-4 ▪ 6～8 歲學齡期

發展特質	圖畫書應用	參考圖畫書
6 歲以上時，能使用約 6,000 個字彙。	• 此階段是圖畫書最大讀者群，也是教師應用圖畫書融入教學的最重要時期，圖畫書也扮演著幼兒園與小學銜接的重要橋梁。	1. 神奇變身水 2. 媽媽買綠豆 3. 學飛的畫鳥 4. 一片披薩一塊錢 5. 第一百個客人

（續下頁）

發展特質	圖畫書應用	參考圖畫書
讀寫能力持續發展，了解讀寫能力在日常生活中的重要性。	• 提供可預期故事結果的圖畫書，以及容易閱讀的圖畫書，以幫助孩子練習成為一位獨立有自信的讀者。	
對文化的多樣性感到好奇，並開始了解人們的動機。	• 提供包含了多元文化概念的圖畫書、民間傳說、神話故事。	
能依照指示及步驟完成一件事。	• 選擇一些工具書種類的圖畫書（例如：食譜），與孩子一邊閱讀，一邊依照書中文字及圖畫的說明，按著步驟共同完成一件作品（例如：一個蛋糕）。	
發展自我定位及對個人特質的欣賞。	• 提供有關情緒、如何處理強烈情緒，以及有關特殊需求的孩子的圖畫書，與孩子談情緒的管理。	
建立人際關係與發展社交技巧。	• 提供主角與其他人之間建立關係的圖畫書，並讓孩子談自己的人際交往情形。	

資料來源：參自葉嘉青（2009）。

　　綜合上述，選擇一本適用兒童的圖畫書，必須對應其發展心智與年齡的不同。希望透過這些介紹，能讓教師們對於選擇與應用好的圖畫書更具信心，並且喜愛及樂於與孩子們分享。

第二節 圖畫書的文學要素分析

　　一本圖畫書中至少應該包含三種成分：由文字所敘述的故事、由圖畫所敘述的故事，以及由以上兩者結合所產生的故事。此外，透過閱讀圖畫書，使得圖畫書包含了第四種成分，也就是讀者個人與圖畫書結合所產生的故事。換言之，任何一本好的圖畫書都會帶給讀者一種獨特、神奇又美好的經驗（葉嘉青，2018）。

壹、文學特性

　　圖畫書是屬於幼兒文學的定義。一本好的幼兒圖畫書需具有下列的文學特性（Liston, 1994）：

一、在語言的使用方面

　　文本需以一種富想像力的方式呈現，其中充滿了驚喜的成分，包含了節奏和韻律。例如：教師以循序漸進的互動「對話」方式，運用四個認知策略（預測、提問、澄清、綜合）來增進幼兒對故事的了解，使他們理解故事畫面、文字與口頭對應的關係，將故事畫面及教師所說的故事內容串聯起來，又會用口語說出畫面的內容，理解故事的情節（劉永慈、陳明珠，2017）。

二、在藝術的品質方面

　　插畫應以一種富於表情的方式呈現，插畫與文本就像是一首優美歌曲的旋律與歌詞，彼此互補，共同作用產生出藝術的作品。插畫應該添

加一些文字以外的細微意義、見解與氣氛,能夠延伸故事的內容與外在。

三、在敘述經驗方面

所有的文字都有一種聲音,一種說話給讀者聽,和一種描述經驗的方式。有時那種聲音是透過角色的對話對讀者說,有時那種聲音是透過一位具有同理心的說故事人所敘述的。

四、在內容、形式與結構方面

圖畫書具備「角色、情節、背景、主題、風格、觀點、插畫」之間的連結。圖畫書主題多元,可以是嚴肅或輕鬆愉快的,搭配可愛又富童趣的插畫,非常適合故事輕鬆有趣的情節。通常整個故事讓幼兒知道故事有序曲、中段和結尾,能夠辨別出圖畫書結構具有重複性與節奏性,幼兒能夠察覺文學的內容、形式和結構特性。

貳、圖畫書的分析/應用

以下筆者運用圖畫書的組成要素,作為內容的連結,更貼近選擇一本或數本圖畫書成為幼兒教學之教材。

一、角色

張清榮(1998)提出,故事角色人物具有四種功能:
1. **扮演故事**:故事的演出由人物扮演。
2. **呈現主題**:人物扮演故事的同時,作者已將主題蘊含其中,主題有賴角色透過情節來呈現。

3. **形成典範**：故事具教化、啟迪功能，而角色人物言行具有相當的影響力。
4. **象徵作用**：作者常藉由故事的情節或角色來象徵人的思想、行為或藉此嘲諷或警惕。

由此可知，一本好的圖畫書，是角色的形塑經過作者的巧妙安排下與適當的技巧，掌握「真實」、「一致」、「突出」、「生動」的原則，讓角色栩栩如生（張莉莉，2006）。

故事中角色具有真實感，性格鮮明，讓幼兒與角色有一種情感的連結。此外，角色的特質在整本書中需保持一貫性，不會因事件、經驗失去了原本的個性。例如有效地活化幼兒的思維：

根據在故事中所看到的一些有趣的角色，透過角色扮演遊戲，「學習有關的詞彙、短句等知識，逐漸增強他們合作和探究的能力」（陳芳，2014）。

二、情節

一般而言，故事情節大約可分三種（林敏宜，2000）：

（一）情節安排方式

可分成：進行式的情節描述、插曲式的情節描述、倒序式的情節描述。

（二）情節中的衝突事件

能引起讀者興趣的可分成：個人本身的衝突、人與自然的衝突、人與人的衝突、人與社會的衝突。

(三）情節發展的過程

故事的情節是由開端（引起讀者注意）、發展（故事張力升高）、高潮（將情節發揮得淋漓盡致）、結局（故事做充分交代完美收場）四個主要部分組成。故事情節能夠引起幼兒的興趣，須明確具有說服力，能夠提升幼兒的理解力與問題解決的能力。故事一開場即需吸引幼兒的興趣，以應對幼兒短暫的注意力。到了故事的中段，矛盾衝突或問題應更明確，讓幼兒的情緒更投入。故事的結尾需包括高潮與問題解決的部分。例如提問的方法：

教師透過講述故事內容的一些情節與情節之間的邏輯關係，以及圖畫畫面之間前後的關係，能讓幼兒「憑藉故事提供的線索，大膽表達自己的理解，展開想像和思維」（劉靜，2012：91）。

三、背景

例如：紀實性的背景應該正確，而非紀實性的可以充滿想像力。如果幼兒對所描述的背景陌生，不應讓其覺得難以親近，而如果幼兒對所描述的背景熟悉，可以讓其以一種嶄新的眼光去看。例如《花婆婆》：

第一個場景是艾莉絲和爺爺住在一個一開門就可以看到碼頭和大船的房子裡，接著他透過到世界各地旅行，此時背景轉換到了爬過「雪山、越過沙漠」……結交不少很遠地方的朋友。最後在一處海邊的房子定居，到處播撒種子。第二年的春天，「原野上、山坡上、空地上」，就連石牆上都開滿了魯冰花。

四、主題

圖畫書主題呈現的方式一般可分為「直接表達」或「間接表達」兩種（廖卓成，1999）：

（一）直接表達

作者直接說明主題，在故事或氣氛最高潮處，簡潔明快地讓讀者直接接收，這種方式較適合年紀小的幼兒，他們能夠直接知道故事的重點。

（二）間接表達

作者不直接說明主題，而是藉由故事中的角色活動、情節的進行，漸漸表露作者的思想理念，間接把想要的意義呈現出來。在實施幼兒圖畫書教學時，林敏宜（2000）提出圖畫書如果採取間接式的主題呈現法，務必考量孩子的領悟能力。

圖畫書對於主題的處理方式顯示出精彩、有價值、真實，方能夠讓幼兒理解某些事物或問題，並且能夠吸引他們對內容的興趣。例如《我的小馬桶》：

有一天，約書亞的奶奶送給他一份大禮物。約書亞打開一看，裡面有一個奇怪的東西。不是帽子，不是碗、盤，也不是花盆。這是一個小馬桶……。

藉著《我的小馬桶》裡可愛的小男孩與小女孩的成長故事，讓孩子認識自己的身體部位，學習掌控身體功能，連結到培養幼兒生活自理的能力。

五、風格

包括了語言與寫作風格，豐富、優美、多樣、富創意，以及流暢易讀，能夠反映出故事的氣氛。例如：故事風格是幼兒文學中的主幹，作者對其內容或寫作手法皆提供幼兒明確的故事內容、情節和結構。例如《一片披薩一塊錢》：

作者運用了一種活潑、輕快，具有節奏感、押韻，與重複性的寫作手法，創造了一個受孩子歡迎、能夠琅琅上口的故事，也讓一字一詞都有了韻律，藉由說故事的方式，探討人生中的重要議題。

　　作品中我們可以看到，藉由孩子熟悉的角色，隨著韻律化的文字表現得時快、時慢、時而感動、時而驚訝、時而緊張，讓文字駕馭的魔力由此展現。

六、觀點

　　觀點是故事敘說的立足點，在寫作上相當重要。分別有以下三種（林敏宜，2000）：

（一）全知觀點

　　敘述者知道所有角色的想法或行為，利用「他、她、它」等字眼來指稱角色，對應文字中受限制的第一人稱或是第三人稱觀點。例如《一個像海的地方》：

　　圖畫畫出「全知觀點」，小男孩因找不到父母而沮喪，圖像同時畫出了被圈養的豆腐鯊（鯨鯊）巨大且落寞的身影，文字寫著：「雖然周圍有許多人，我卻感覺很孤單。」巧妙雙關的圖文關係，讓讀者聽見角色的心聲，也看見角色的處境。

（二）第一人稱角色

　　敘述者是故事中的角色，運用「我、我們、我的」等字眼來指稱自己。故事中的「我」是主角，是以我的立場來說我的故事。例如《我變成一隻噴火龍了！》：

　　從「我」（阿古力）因為愛生氣被（蚊子）叮了一個包開始，發生了一連串的事。

（三）限定第三人角色

敘述者是故事的局外人，主要是從主角的觀點來說故事，主角的行為思想、情感都是書中所要呈現的焦點。例如《花婆婆》：

> 每次爺爺說完故事，艾莉絲就接著說：長大以後，要到很遠的地方旅行；並承諾爺爺要做一件讓世界變得更美麗的事。於是，艾莉絲長大後，便決定去做答應爺爺的三件事。

第三節 圖畫書的閱讀策略

佟瑤（2011）強調：「早期閱讀可以為幼兒今後的學習活動打下良好的基礎。」以圖畫書對幼兒進行講述和閱讀，若能從幼兒園開始，運用策略來幫助幼兒在早期培養喜愛閱讀的興趣，可提升他們將來閱讀理解的能力。

壹、交互教學法

「交互教學」是一種「教」與「學」並重的教學模式，不但著重教師的「教」，亦著重幼兒的主動「學習」和「參與」。過程中，教師引導幼兒主動、積極地表達產生互動。Palincsar 與 Brown（1984）根據 Vygotsky（1978）的「最近發展區」（zone of proximal development）及「專家鷹架」（expert scaffolding）概念所提出的一個閱讀理解教學法。

交互教學法的目的在於透過教師的示範以及幼兒與教師的對話，漸漸縮小幼兒的潛在發展區域，引導他們獨立完成閱讀工作（黃智淵，

2004），幫助他們主動進行有意義的閱讀，其策略不僅是增強幼兒的閱讀能力，也讓幼兒學習監控自己的學習與思維（傅秀媚，2003）。

在教導幼兒閱讀理解，每個交互教學的四個策略說明如下（張如莉，2012；劉永慈、陳明珠，2017），以《彩虹魚》為例：

一、預測策略（predicting）

指導讀者閱讀文章前，根據標題或前段內容對文章內容做預測。讀者以先備知識為基礎，根據所閱讀的文章內容之標題、圖畫或圖表的線索，對文章的內容或結果做出預測，或以文章內每一段落來預測下一個段落的內容，這也是對標題做出解碼。例如：

1. 教師示範「預測策略」，展示手中的圖書，以《彩虹魚》引導預測策略。
2. 教師以圖畫故事書的書目標題引起他們的興趣，並進行預測策略，讓幼兒觀看書面上的圖畫，引導他們對故事內容做預測，例如：你預測《彩虹魚》這個故事可能會是什麼內容？
3. 教師與幼兒一起讀出書目標題，部分幼兒大聲地指著封面上的字，讀出故事的名稱，教師接著介紹故事內容，與幼兒一起閱讀故事內容第一段，並預測其他段落的可能內容。
4. 幼兒能在小組中做出表達，他們能主動與同伴討論故事書中的內容，並能預測第二段的可能內容。

二、提問策略（questioning）

指出讀者在閱讀文章後產生了概念而形成的問題，然後讀者提出問題，用以檢核自己對閱讀的內容現況進一步的了解。透過讀者自我引導的方式，可協助他們掌握理解文章的內容，並掌握閱讀的進度，將讀者

的焦點集中在文章的重點內。例如：

1. 教師引導幼兒進行「提問策略」。
2. 當幼兒明白《彩虹魚》故事中的內容（例如：主角彩虹魚因總是孤單一個人，沒有好朋友可以一起玩），教師「提問」幼兒：「看完第一段故事後，你想／會提出什麼問題？」
3. 幼兒問：「章魚告訴他方法，希望他可以怎麼做？」

三、澄清策略（clarifying）

指在閱讀文章過程中，讀者感到疑惑而無法對內容理解時所採取的策略。例如：

1. 教師提出問題：教師對幼兒提出思考性的問題及疑問，以試探幼兒對問題的理解情況，有層次地以封閉式及開放式的問題提問幼兒，例如：「彩虹魚在海裡發生了什麼事？」
2. 製造澄清機會：教師提供了「澄清」的方向予幼兒，例如：章魚建議彩虹魚把美麗的銀鱗片分送給其他的魚做了什麼事？如果不想把銀鱗片給其中的魚，彩虹魚如何交朋友呢？再將故事內容第一、二段讀一遍，請幼兒進行小組討論等方式，讓幼兒能有機會對提出的問題進行澄清，幼兒的疑問在教師的激發和鼓勵下，在彼此互相提問的過程中，疑問逐漸得到澄清。
3. 引導幼兒尋求解答：幼兒在教師的導引下能互相對問題做出修正及尋求解答，統整出更好的答案。

四、綜合策略（summarizing）

問題逐漸得到澄清及綜合。到了做摘要的階段，這過程可顯示讀者是否已對文章內容完全理解，不但幫助他們了解文章內容的意義和重要

性，還能幫助他們回溯記憶。

　　教師以「綜合策略」引導幼兒回饋，教師將他們發表對於彩虹魚的意見歸納出綜合的大意，問題逐漸得到澄清及整合的概念。

　　綜合以上四個閱讀策略，得知在整個教學過程中，教師循序漸進地由幼兒扮演教師的角色，讓責任慢慢轉移給幼兒並彼此間互相提供支持，進行同儕對話（Mayer, 1987/1991）。國外學者 Williams（2010）強調交互教學策略可支持幼兒在課室內成為有自信的發問者。國內劉永慈與陳明珠（2017）研究「以圖畫故事書為教材運用交互教學法」的結果顯示，幼兒在聆聽故事的同時，也能用自己的語言去理解圖畫內容，明白要按順序看書，並借助閱讀來思考，不斷地與同儕對話及討論，他們「敢問敢說」（劉靜，2012）。張如莉（2012）的研究也發現，使用交互教學法的威力就是「用它作為一種有效的理解建設者，當問題一提出，就能引導幼兒更深入地閱讀」。

貳、對話式閱讀

　　對話式閱讀技巧最早由 Grover Whitehurst 與他的同事提出（Whitehurst et al., 1988），主要訓練母親在家使用對話式閱讀技巧增加二歲半幼兒語文能力，之後陸續有相關研究探討對話式閱讀技巧對幼兒語文的影響（林月仙等人，2005；Briesch et al., 2008; Chow et al., 2008; Whitehurst et al., 1994）。以下對話式技巧提供兩種方法。

一、PEER 步驟

　　PEER 步驟幫助老師提問，進行評量，如果幼兒的答案不正確，可

以擴展幼兒所說的答案，引導幼兒做出正確的回覆，並且重複他們的正確答案，以下為 PEER 步驟的說明（Morgan & Meier, 2008）：

（一）提示（Prompt）

所指的是激發，大人以問題激發幼兒回答有關書本或故事內容的訊息。

（二）評量（Evaluate）

對幼兒所回應的內容或反應給予評估，若有錯誤，思考要如何引導幼兒做出正確回答。

（三）擴展（Expand）

以改述句子和增加訊息的方式，來加深、加廣幼兒回應；增加幼兒的回答內容。

（四）重複（Repeat）

重複提問之前的問題，確認幼兒有學習吸收。

二、CROWD 提示方法

CROWD 提示方法用來設計問題激發幼兒說話，而 CROWD 的技巧說明如下（Morgan & Meier, 2008）：

（一）完整性（Completion）

是完成句子的方式，將書本中的語言結構以完成句子的方式呈現，在句子尾端留下填充位置，讓幼兒填上答案；增加幼兒聽力理解與語言使用。

例如：留下空白，讓幼兒完成。所以你認為他＿＿＿＿＿＿？

（二）回憶（Recall）

用回想問題的方式，在故事結尾時，利用一些有關故事內容的問題，讓幼兒回想並說出剛才故事的內容。

例如：在故事情節有重複性時，也可於過程中，請幼兒回想剛剛的故事。

（三）開放性問題（Open-ended）

給予開放性問題，引發幼兒更多的對話。

例如：藉著圖畫書中圖片的討論，或運用同理心，讓幼兒想想如果自己是書中的主角，會有何感受或會怎麼做，引導幼兒用自己的字句回應故事內容或表達想法，更進一步談論書中內容的細節部分。

（四）問題（Wh-questions）

利用問句 6W1H，是誰、是什麼、在哪裡、為什麼、什麼時候、如何、結果等發問方式，幫助幼兒增加字彙並且引導使用新字彙。

1. 人（Who）：這畫面出現幾個人？【角色】
2. 物、事（What）：這畫面有什麼東西？發生什麼事？【情節】
3. 時（When）：發生在什麼時候？【連貫性】
4. 地（Where）：發生在哪個地方？【邏輯性】
5. 為何（Why）：什麼造成事件的發生？
6. 如何（How）：事件的經過如何？【故事主題】
7. 結果（Wherefore）：最後的結果如何？

（五）融入生活體驗（Distancing）

將故事內容連結幼兒生活經驗，讓幼兒有更多表達能力。

例如：利用一些圖畫書內容以外的問題，讓幼兒在現實生活中的經

驗可以和書本做連結或句子，確定幼兒是否真正了解或掌握所討論的內容。

以上對話式閱讀技巧主要幫助幼兒從聽故事的角色轉為主動說故事的人，讓幼兒的口語字彙增加，同時加強語文理解，而本研究主要探討教師使用對話式閱讀技巧之可行性，期望促進師生在主題情緒上能更深入地討論。

第四節 圖畫書的教學方法

「聽故事」幾乎是每個孩子童年生活的一大心靈饗宴，「圖畫書」更栩栩如生的展現了多采多姿的故事情境，圖畫書往往是學齡前幼兒閱讀的最主要材料。丘愛鈴與丘慶鈴（2007）和谷瑞勉（2010）指出，透過教師及幼兒共同閱讀圖畫書的活動，可以增加教師與幼兒互動的機會，以及提供幼兒學習過程所需的協助。以下筆者介紹了幼兒園階段，教師要如何指導孩子閱讀？如何藉由教師仲介閱讀行為的鷹架，期許幼兒變成一個真正的讀者？筆者從文獻與實務教學上整理常使用的方式有下列 10 種：

壹、說故事

每個人最初的閱讀，幾乎都是從故事開始，在科學家眼中，故事決定了我們思考及行為的模式，是人類智慧最基本的構成元素（洪蘭，2002）。說故事似乎成了幼兒階段與低年級學童進行閱讀教學的替代詞，不僅因為每個人最早都是透過聽故事而開始接觸到文學作品的。小

孩最初是從童話世界中，開始了解什麼叫作挫折、勇敢、寬容與嫉妒，並成為成長過程中觀看世間萬象的基礎。

　　換言之，圖畫書教學在意的「閱讀」，是如何幫幼兒成為一個真正的讀者之歷程，而非只是說故事方式的語言接收歷程而已。究其閱讀的宗旨即是：在閱讀中才能學習閱讀，閱讀教學重要的是連結文本與學生之間的互動與關係。

貳、朗讀、唸讀

　　對幼兒而言，聽他人朗讀故事是件沒有壓力的事，朗讀的過程即是教師將對故事的詮釋、情感與態度傳遞給孩子，且提供流暢的閱讀模式讓幼兒學習，從傾聽與欣賞中，幼兒自然而然地認識新的字彙、熟悉語法，幼兒了解情節內容與文本結構時，更能引發其閱讀興趣。教師要精熟讀本，掌握朗讀技巧，交替使用手勢和插圖，以增進幼兒的閱讀理解。除教師朗讀之外，也可以讓幼兒齊聲朗讀、輪流朗讀或用不同的聲音朗讀故事（吳芬玲，2004）。

　　教師進行朗讀的圖書，可從字少圖多的圖畫書開始，少少的文字，有的情節重複，有的句型重複，那是專為小小孩設計的圖書。孩子很容易由圖意或前後頁的內容掌握到文字模式，記得字音或看懂字義，就算沒有加註注音符號，也能琅琅上口，等到識字多了，再進階到字多讀圖的能力（吳敏而等人，2003）。

● 可以參考《朗讀手冊——大聲為孩子讀書吧！》提供家長、老師與孩子共享閱讀的方式，並傳授策略，示範如何為孩子朗讀和選書（Trelease, 1979/2015）。

參、討論

　　「討論」是教師進行閱讀教學中，為達成閱讀理解常見的一種進行方式，國內大都由「毛毛蟲兒童哲學基金會」為主，進行圖畫書閱讀之「插嘴法」及「合作思考法」，是以討論為主要的方式（張碧如，2002）。如果成人只想要做到「集中式的討論」而非「閒聊式的討論」，那麼就無可避免的處在強勢及主導的地位，甚至因著成人主觀的判斷，而時時刻刻左右孩子的發言。因此，討論不是閱讀唯一且必要的重點，討論只是一種輔助閱讀理解的媒介，只有藉由對話的鷹架，才能夠使閱讀產生脈絡可尋的理解線索。

　　林敏宜（2000）認為，討論是課程中很重要的一環，可以透過小組或班級來進行。朗讀完故事後，教師帶領幼兒進行團體討論，除了有助於建立師生雙向互動的關係，也有助於提升幼兒語言和讀寫能力。此外，藉由圖畫書介紹活動，進行書籍討論，讓幼兒對作者、書本形式等有更進一步的認識。

肆、重複閱讀

　　幼兒閱讀圖畫書習慣先讀圖再讀文，若能將同一本圖畫書重複閱讀，慢慢品味，更能加深幼兒對內容及文字的印象。對幼兒來說，即使閱讀同一本圖畫書，每次閱讀仍會有不同的發現與體驗。重複閱讀圖畫書，除了朗讀與討論外，也可進行小組閱讀，或讓幼兒在區（角）自由閱讀。

伍、聆聽故事 CD 以及電子童書

　　洪美珍（2000）收集國內市面上的商品，可分為電子童書、光碟童書、兒童電子書、童話電子書、電子故事書。孩子可以隨著有聲 CD 的內容翻頁或看圖、識字，同時也能成為幼兒睡前或午休時間聆聽故事的最佳陪睡工具。然而，視聽影音教材的功能只是輔助幼兒閱讀，最終的目的應該還是要導引孩子回來主動閱讀圖畫書（黃迪毓，1995）。

陸、學習單

　　著重在字的特徵，以團體和小組的方式進行，目的在發展幼兒識字能力，進而逐漸發展流暢的閱讀能力。希望能透過設計學習單，引導孩子使用閱讀策略思考，運用提問法引領孩子閱讀、喜歡閱讀，並探索書中的世界。
- 賞析《花婆婆》圖畫書後，完成學習單（參見本章附錄）。

柒、班級共讀

　　全班幼兒在同一個時間共同閱讀同一本圖畫書，討論共同話題與經驗，與一般共讀模式最大的差別是，幼兒需人手一本相同的圖畫書，讓教師較易進行全班反覆唸讀或朗讀。由於全部幼兒共同閱讀一本書，每位幼兒皆有相同的閱讀經驗，自然會有共同焦點與討論話題。
- 參考吳美華（2010）《「愛」在字裡行間，動「口」玩創意》，以【句子仿述，玩創意】為教學活動，讓幼兒練習句型仿作，並將高層次的「寫作」融入其中。

CHAPTER 5
圖畫書的選擇與應用

- 《猜猜我有多愛你》為例：
  1. 猜猜我有多愛你，我愛你，像_____那麼_____。
  2. 猜猜我有多愛你，我愛你，從_____一直到_____，再_____。
  3. 猜猜我有多愛你，我愛你，一直到_____。
  4. 【愛心卡＆學習單】：「聽」──仔細聆聽愛的對話、「說」──表達愛的語言、「讀」──讀出卡片上的圖像與文字內容、「寫」──畫愛心卡等，將閱讀做更進一步地互相運用。

捌、分享閱讀

分享閱讀是指教師引導班級共同讀一本書，Holdaway（1979）提出「分享書的經驗」的教學概念，作法是將書本放大，讓孩子看清楚書本的圖畫和文字，建議教師一邊朗讀、一邊指字，讓幼兒增加參與度，成為主要的讀寫教學工具（谷瑞勉，2010；林文韵、施沛妤，2009）。

分享閱讀的教學技巧說明如下（王瓊珠，2010；李燕妮，2007；宋媛媛，2015）：

1. 預測：封面／前後蝴蝶頁／書名頁：可以帶領幼兒辨識封面和封底，並認識書本翻頁的方式，運用預測書名、封面、封底圖畫的策略，來猜測故事的情節內容，引發閱讀動機和滿足好奇心[1]。例如《棕色的熊》：打開封面和封底一併看，你看到了什麼？說說看。依照封面、封底圖畫的感覺，你覺得書名是什麼？這本書可能在說什麼樣的故事呢？剛開始想吸引幼兒的注意力，會用看到的、已知

---

[1] 封面：書名、作者及繪者姓名、出版社。
封底：ISBN 為一本書的身分證，通行全世界，在世界任何一個角落都可以查到此書。

的事物示範做簡單的預測，再來參考插圖情節做更有依據的預測，藉此了解幼兒知道多少，協助他們理解。

2. **導讀**：教師可運用不同形式導讀圖畫書內容，例如：教師導讀或放聲朗讀，不僅能讓幼兒熟悉文本的文字，也能藉由字句的推敲來了解書中所呈現的意義。尤其放聲朗讀可以刺激幼兒興趣，引發情緒共鳴。

3. **邊唸邊指文字**：可以增加幼兒注意文字的機會。臧瑩卓（2017）提到孩子在建立讀寫能力時，並非使用單獨抽離的形式，而是和口說語言共同發展，因此教師進行圖畫書教學時，可用手指著字，由左至右的一邊指一邊唸，讓幼兒了解書的基本形式及培養對文字的概念。

4. **問題討論**：教師以開放式問題引導幼兒參與討論，鼓勵幼兒表達自己的想法，教師對幼兒的反應應保持彈性，對幼兒的答案不應有任何限制。教師也能從幼兒討論的過程中，進一步了解其所建構出來的意義。

5. **比較**：當閱讀焦點從知道故事內容轉向文意理解時，研究者與幼兒討論文字、角色、劇情等，也嘗試連結，他們往往能分辨主題相似的書；在文本交織的活動中進一步解釋、應用、類化和轉換文本訊息之間的意義，而產生較高層次的反應（Ruddell & Harris, 1989）。

6. **解讀插圖**：幼兒經提醒會由插圖去理解文字所沒有敘述的訊息，注意圖文關係或欣賞圖像產生理解。

7. **讀者劇場**：幼兒以口語闡述、回應和詮釋作品，也一起合作練習，加上聲音和肢體動作。例如：閱讀《爺爺的柺杖》會用身體扮演柺杖，分享《母雞蘿絲去散步》會幫主角配音效，聽老師唸《小鴨鴨

去散步》會演出戲劇，閱讀《太吵了》時配音達到吵鬧的效果等。

8. 建立自己的故事地圖：繪製方式最常見的概念圖，例如：蜘蛛圖（spider map）、鏈形圖（chain map）、階層圖（hierarchy map）及魚骨圖（fishbone map）的構圖方式（蔡淑惠、何俐安，2005；West et al., 1991）。以《我變成一隻噴火龍了！》為例，故事有趣之處，在於「阿古力」生氣後發生的各種事件，文字部分很簡單，多是以圖畫來表現，恰巧可以給小小讀者自行發揮想像力，若是一直噴火該怎麼辦呢？舉例「魚骨圖」如圖 5-1。

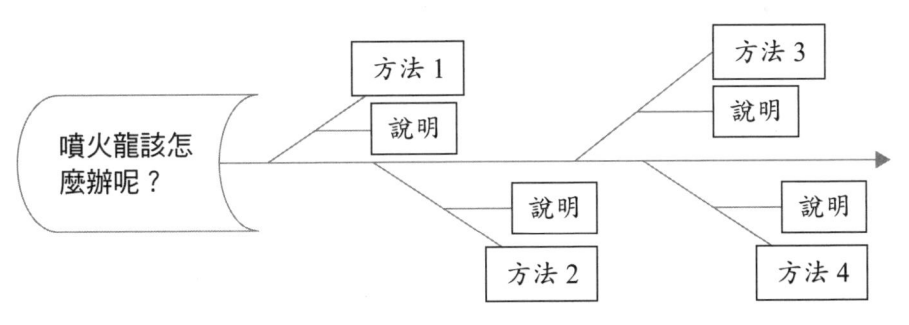

圖 5-1 ▪ 以噴火龍為主的魚骨圖

玖、自由閱讀

在幼兒園裡常見的閱讀課程經常是利用在角落中設置（語文角）方式進行，讓孩子選擇想要閱讀的材料，在自由、獨立的空間或特定的角落時間中自由獨立閱讀。再者，幼兒閱讀行為與幼兒園教師教學經驗有關（周均育，2003）。因此，教師在閱讀教學中扮演著不可或缺的角色，值得重視。

拾、親子共讀

以下綜合成人（教師、家長）與幼兒共讀互動歷程之研究，整理出親子共讀模式及引導策略兩方面說明。

Shedd 與 Duke（2008）認為成人與幼兒共讀時，要注意以問題增加與幼兒互動的機會，增加書本的討論。成人對幼兒說故事時的引導方式各有不同，有些聚焦於故事線（story line），著重故事情節發展；有些利用圖片與幼兒互動，鼓勵幼兒評論故事內容、推論情節、分析人物動機、說明解釋故事的相關知識，或連結幼兒與故事相關的生活經驗。提供共讀的鷹架策略，可分為兩個階段（柯華葳，2006）：

一、幼兒不識字階段

（一）看圖命名

除了唸故事給孩子聽，還可以指著書中的圖片看圖命名。

（二）敘述圖片中的行為

成人可以引導孩子描述書中圖片主角的動作或從事的事務。

（三）看圖編故事

成人可慢慢引導孩子「看圖編故事」，說出自己的想法，但與書中呈現的內容未必要一樣。

（四）看圖說故事

透過圖畫，鼓勵幼兒組織、複述故事內容，引導幼兒說出和書中內容相似的故事情節。

二、幼兒識字階段

1. 讀到書中常見的字、詞時可暫停一下請孩子接著讀。
2. 當孩子認識更多字時，可以親子輪流讀。
3. 當孩子可以自己閱讀時，放手讓他自己讀，成人在一旁聽。

其中，幼兒的語言能力及閱讀理解程度是決定鷹架策略的因素。觀察成人鷹架能力的最佳指標，則是成人是否嘗試使孩子感受到圖畫書閱讀經驗是有趣、有意義或是可理解的。也是孩子對閱讀互動的整體態度、興趣、投入及語言運用，以及師長經由互動回應孩子的聲音。

綜上所述，幼兒階段聽覺接收閱讀的特性，較常使用於說故事、唸讀（大聲朗讀）、聆聽 CD 有聲書或電子互動書、討論、自由閱讀、學習單、分享閱讀、班級共讀、親子共讀等形式，不同的模式有不同的理念和運作技巧，藉由成人鷹架幼兒的閱讀行為，期許幼兒變成一個真正的讀者。

結語

圖畫書是幼兒大量接觸且容易取得的教材，也較能提升幼兒學習興趣和成效，圖畫書具有「高接收度」和「吸引注意力」的特質，經常被用來輔助教學。圖畫書教學並非只是單純為幼兒說故事，教師必須運用它的特性，配合多元化的教學原則和策略來進行教學活動。

本章從選擇一本適合的圖畫書開始，必須考量學前到學齡兒童在不同年齡層的發展特質及需求，提供孩子經過推薦和篩選適齡的「好的圖畫書」。筆者期待一至八歲兒童圖畫書的選擇與應用，關愛孩子的家長和教師一起進行圖畫書的應用方法，不僅在校園、家庭、社區或在其他

的教育環境中,「指導孩子閱讀,藉由教師仲介閱讀行為的鷹架,使孩子變成一位真正的讀者」。

課後作業／問題討論

1. 整理出 1～8 歲兒童各年齡層選用圖畫書的發展特質。
2. 選擇一本圖畫書進行「文學要素」故事架構的分析。

書名		作者		繪者		出版社	
角色							
情節							
背景							
主題							
風格							
觀點							

3. 圖畫書的閱讀策略有哪幾種?請各組(4～5人)從各年齡階段的推薦圖畫書中,應用一種閱讀形式作為練習。
4. 以《猜猜我有多愛你》圖畫書為例,以書中【句子仿述,玩創意】為教學活動,學生嘗試練習句型仿作,再將高層次的「寫作」教學活動設計於其中。
5. 賞析《花婆婆》圖畫書後,完成學習單(附錄)並分享。

CHAPTER 5
圖畫書的選擇與應用

附錄 「花婆婆」圖畫書學習單

● 一本圖畫書＝一個故事＝一齣好戲

　　分析一本圖畫書的故事如同看一齣好戲，必須能清楚故事中的要素【概念圖】：

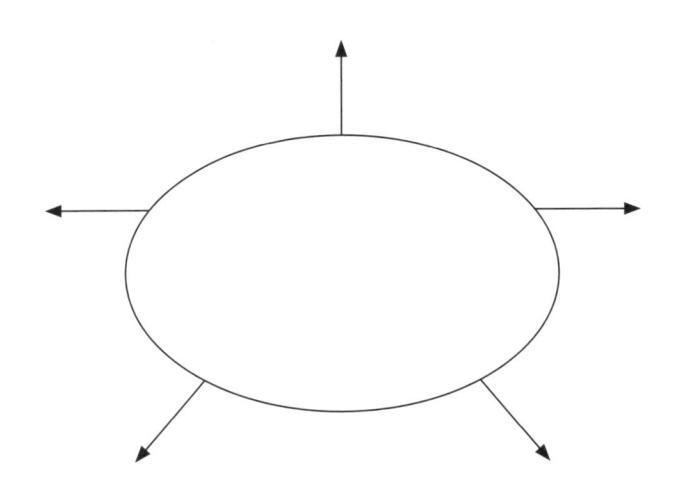

● 分析「圖畫書」的特質與功用

圖畫書名稱：花婆婆	日期：
主題：	作者／繪者：
類型：□書　□光碟　□錄音帶　□錄影帶　□其他（　　　　　）	
出版社：	
摘要：	
問題與討論	

1.「未來夢想」
   • 花婆婆的一生中做了哪些事？
   • 你喜歡花婆婆的一生嗎？什麼地方喜歡／不喜歡？
   • 花婆婆的一生和一般女生的一生有什麼地方不一樣嗎？
   • 如果是你呢？你會想要有怎樣的人生？
   • 現在的你，為了想要的未來，可以做哪些努力呢？

2.「美麗的行動」
   • 故事中，花婆婆做了什麼事，讓世界變得更美麗？
   • 花婆婆先前為什麼會被叫作「怪婆婆」？
   • 花婆婆並沒有害怕或生氣被叫作「怪婆婆」，你覺得是什麼原因？
   • 你的生活中，有哪些事情是很美麗的？
   • 動動腦想一想，現在的你可以做些什麼讓周遭變得更美麗？

（續下頁）

3.「夢想未來」版
- 展現創意~「未來的我」四格漫畫創作。內容分別為：(1) 童年的我；(2) 求學的我；(3) 工作的我；(4) 五年後的我或十年後的我。
- 不一樣的花婆婆：花婆婆的生命中，有三件努力完成的事：旅行、住在海邊以及讓世界變得更美麗。那麼，對各位而言呢？有哪些事情是你覺得生命中一定要努力去完成、經歷過的事？請盡量寫下來，越多越好。如：有沒有一定要學會什麼？一定要去過哪些地方、哪些國家？一定要吃過什麼美食？一定要玩過什麼等等。

1. 童年的我	2. 求學的我
3. 工作的我	4. 五年後的我或十年後的我

幼兒圖畫書教學 理論與實務

Q 有沒有一定要學會什麼？一定要去過哪些地方、哪些國家？一定要吃過什麼美食？一定要玩過什麼等等。可以用寫的也可以用畫的。

參考文獻

中文部分

王瓊珠（2010）。**故事結構教學與分享閱讀（第二版）**。心理。

丘愛鈴、丘慶鈴（2007）。義工家長參與親師生繪本共讀教學成效之行動研究。**高雄師大學報，23**，127-147。

何青蓉（2015）。異與同：兩本繪本在新移民課程與教學上的應用。**課程研究，2**（10），17-38。

佟瑤（2011）。淺談如何提高幼兒早期閱讀水平。**才智，19**，145。

吳芬玲（2004）。**運用圖畫書實施全語言之教學研究 以小榕樹兒童讀書會為例**〔未出版之碩士論文〕。國立臺中師範學院。

吳美華（2010）。「愛」在字裡行間，動「口」玩創意。載於劉素顏、林素珠、楊淑美、陳嘉露、王錦條、吳美華、葉淑芬、陳芳菊、湯慧美（編），**班級共讀與幼兒學習**（26-47 頁）。麗文文化。

吳敏而、陳鴻銘、賈文玲、侯秋玲、張友馨（2003）。**聊書與人生 II**。朗智思維科技。

宋媛媛（2015）。**繪本教學融入幼兒讀寫活動之行動研究**〔未出版之碩士論文〕。國立臺中教育大學。

李燕妮（2007）。**分享式閱讀教學對國小低年級學童閱讀理解能力及閱讀動機之影響**〔未出版之碩士論文〕。國立台南大學。

谷瑞勉（2010）。**幼兒文學與教學**。心理。

周均育（2003）。**兒童圖書館員、父母與幼稚園教師對幼兒閱讀行為的影響之調查研究**〔未出版之碩士論文〕。朝陽科技大學。

林文韵、施沛妤（2009）。**兒童文學理論與應用**。心理。

林月仙、吳裕益、蘇純瑩（2005）。對話式閱讀對學前身心障礙兒童詞彙能力之影響。特殊教育研究學刊，29，49-72。

林敏宜（2000）。圖畫書的欣賞與應用。心理。

柯華葳（2006）。教出閱讀力。天下雜誌。

洪美珍（2000）。電子書閱讀型態及其對兒童閱讀影響之研究〔未出版之碩士論文〕。國立臺東師範學院。

洪蘭（2002）。活化大腦激發創造力。天下雜誌，263，92-94。

張如莉（2012）。交互教學法教學設計的應用——以國小高年級閱讀教學為例。教師天地，176，62-67。

張清榮（1998）。創造思考國語作文指導（四）。前程。

張莉莉（2006）。幼稚園教師圖畫書教學歷程中的討論分析——以「美德」主題為例〔未出版之碩士論文〕。國立屏東教育大學。

張碧如（2002）。插嘴法與兒童哲學思考——以一次說故事的經驗為例。教育資料與研究，44，65-71。

陳芳（2014）。通過故事教學提高理解能力。小學科學（教師版），11，66。

傅秀媚（2003）。融合班級中教學策略之應用（二）：交互教學法與過程本位教學法。載於國立臺中師範學院特教中心（編），特殊教育論文集（153-168頁）。國立臺中師範學院特教中心。

黃迪毓（1995）。幼兒讀物——好的爸媽的百寶箱。載於張湘君（編），認識幼兒讀物（14-23頁）。天衛文化。

黃智淵（2004）。相互教學法對國小五年級學童閱讀歷程中自我調整學習與閱讀理解之影響〔未出版之碩士論文〕。國立屏東師範學院。

葉嘉青（2009）。零到六歲幼兒繪本的選擇與應用。台北市立圖書館館訊，3（26），1-16。

葉嘉青（2018）。繪本小學堂：與0至6歲孩子一起悅讀。幼獅文化。

廖卓成（1999）。論四史非記言敘事中的言談。國立臺北師範學院學報，12，

285-299。

臧瑩卓（2017）。**嬰幼兒學習環境：理論與實務**。群英。

劉永慈、陳明珠（2017）。以圖畫故事書為教材運用交互教學法。**清華教育學報**，2（34），1-44。

劉靜（2012）。在故事教學中如何培養和開發幼兒的天性。**科學大眾（科學教育）**，4，91。

蔡淑惠、何俐安（2005）。閱讀策略教學～「故事地圖」應用與分享。**研習資訊**，5（22），61-71。

蘇振明（2006）。圖畫書與兒童教育應用之探討。**國教新知**，4（53），35-46。

Matsui, T.（1995）。**幸福的種子：親子共讀圖畫書**〔劉滌昭譯〕。二十一世紀。（原著出版年：1981）

Mayer, R. E.（1991）。**教育心理學：認知取向**〔林清山譯〕。遠流。（原著出版年：1987）

Trelease, J.（2015）。**朗讀手冊──大聲為孩子讀書吧！**〔沙永玲、麥奇美、麥倩宜譯〕。天衛文化。（原著出版年：1979）

英文部分

Briesch, A. M., Chafouleas, S. M., & Jebel, T. J. (2008). Impact of videotaped instruction in dialogic reading strategies: An investigation of caregiver integrity. *Psychology in the Schools*, *45*, 978-993.

Chow, B. W.-Y., McBridge-Chang, C., Cheung, H., & Chow, C. S.-L. (2008). Dialogic reading and morphology training in Chinese children: Effects on language and literacy. *Developmental Psychology*, *44*, 233-244.

Liston, D. D. (1994). Story-Telling and narrative: A Neuro-philosophical perspective. ED372092.

Morgan, P. L., & Meier, C. R. (2008). Dialogic reading's potential to improve children's emergent literacy skills and behavior. *Preventing School Failure, 52,* 11-15.

Palincsar, A. S., & Brown, A. L. (1984). Reciprocal teaching of comprehension-fostering and comprehension-monitoring activities. *Cognition and Instruction, 1,* 117-175.

Ruddell, R. B., & Harris, P. (1989). A study of the relationship between influential teachers prior knowledge and beliefs and teaching effectiveness: Developing higher order thinking in content area. In S. Macormick & J. Zutell (Eds.), *Cognitive and social perspectives for literacy research and instruction* (pp. 461-472). National Reading Council.

Shedd, M. K., & Duke, N. K. (2008). The power of planning: Developing effective read-alouds. *Young Children, 63*(6), 22-30.

Vygotsky, L. S. (1978). *Mind in society: The development of higher psychological Processes.* Harvard University Press.

West, C. L., Farmer, J. A., & Wolff, P. M. (1991). *Instructional design: Implications from cognitive science.* Allyn and Bacon.

Whitehurst, G. J., Aronld, D. S., Epstein, J. N., Angall, A. L., Smith, M., & Fischel, J. E. (1994). A picture reading intervention in day care and home for children from low-income families. *Developmental Psychology, 30,* 679-689.

Whitehurst, G. J., Falco, F. L., Lonigan, C. J., Fischel, J. E., DeBaryshe, B. D., Valdez-Menchaca, M. C., & Caulfield, M. (1988). Accelerating language development through picture book reading. *Developmental Psychology, 24*(4), 552-559.

Williams, J. A. (2010). Taking on the role of questioner: Revisiting reciprocal teaching. *Reading Teacher, 64*(4), 278-281.

CHAPTER 6
圖畫書教學的實施

圖畫書雖然在教育現場已被廣泛多元應用，但是教師若只提供書籍、閱讀時間，卻缺乏了對話、討論及延伸，即無法發揮圖畫書多元的教學效果。筆者蒐集多元圖畫書的教學方法，提供幼兒教學工作者參考。

本章以圖畫書教學主要分別為：第一，幼兒圖畫書教學；第二，延伸教學活動；第三，環境營造；第四，圖畫書的設計與製作。引導讀者從閱讀、創作與分享，沉浸在幼兒圖畫書多元活動中。

第一節 幼兒圖畫書教學

林真美（1999）認為，兒童在聽、看故事時的表情和態度是非常熱情且投入的，對兒童來說，聽故事不只是「他人的故事」，更是讓他們能藉此進入尚未經歷過的世界。而為了要有親身體驗的感覺，兒童會讓自己與故事主角合而為一，如此，故事豐富了兒童本身的閱歷，並激發了兒童的想像。

壹、圖畫書教學的定義

圖畫書教學是以故事為主的教學題材，利用故事的教育性、藝術性、趣味性、兒童性，發展成一個完整的教學流程，也就是從熟悉故事→引起動機→教學過程→故事討論分享到延伸活動，運用說故事、表演、閱讀指導、寫作方式等，讓學習者在輕鬆的心境及自然的情境下，獲得潛移默化的語文學習、心靈的提升與藝術的陶冶，並在無形中將故事蘊含的深意根植於學習者的內心，使學習、趣味與生活經驗三者結合（張莉莉，2006）。

貳、符合幼兒語文領域

教育部的「幼兒園教保活動課程大綱」將語文看成一種社會溝通系統。溝通，涉及「理解」與「表達」之活動。語文領域之目標，就在發展幼兒理解與表達之能力。理解能力，指覺察、區辨與詮釋個人所經驗

到的訊息之能力;表達能力,則指因回應他人或各類「文本」[1],運用肢體、口語或自創符號來呈現意義、觀點與情感之能力。以下提供教育部的「分齡學習指標」給讀者參考(表6-1):

表 6-1 ▪ 「理解圖畫書的內容與功能」(語-1-5)與「熟悉閱讀華文的方式」(語-1-6)之分齡學習指標

2～3歲學習指標	3～4歲學習指標	4～5歲學習指標	5～6歲學習指標
語-幼-1-5-1 喜歡探索圖畫書	→	語-中-1-5-1 知道知識類圖畫書的功能	→
	語-小-1-5-2 理解故事的角色	語-中-1-5-2 理解故事的角色與情節	語-大-1-5-2 理解故事的角色、情節與主題
		語-中-1-5-3 知道書籍封面有書名,創作者和譯者的名字	語-大-1-5-3 辨認與欣賞創作者的圖像細節與風格
語-幼-1-6-1 喜歡探索生活環境中的文字	語-小-1-6-1 辨別文字和圖像	語-中-1-6-1 知道各種文化有不同的書面文字	語-大-1-6-1 →
語-幼-1-6-2 知道翻閱圖畫書的方向	語-小-1-6-2 知道書名的位置與閱讀方向	語-中-1-6-2 →	語-大-1-6-2 知道華文的閱讀方向
		語-中-1-6-3 知道華文一字一音的對應關係	語-大-1-6-3 →

資料來源:教育部(2017)。

---

[1] 所謂「文本」,指有系統的表意/表義符號,含肢體、口語、圖像符號及文字所創造出來的作品,如戲劇、舞蹈、電影、故事、童謠與圖畫書(潘世尊,2014)。

參、選擇一本優質圖畫書

圖畫書的種類繁多，內容更是多元，所以教師為孩子挑選時必須先了解圖畫書的主題、種類、難易程度及故事結構等，還要了解孩子的身心發展階段，再依據所要進行的教學活動來挑選，選擇適合孩子年齡、又是孩子感興趣的。選擇的書籍須具有以下五種特性：

一、具有教育性

幼兒可以藉由閱讀圖畫書增進其認知、品格、生活等各方面的成長，學會自我認同，在學習判斷是非善惡及培養同理心上也有一定的助益（林敏宜，2000）。

二、符合孩子身心發展及興趣

江麗莉（2006）認為，選用圖畫書最重要的考慮因素是孩子的興趣，所以老師在選用圖畫書時可以針對孩子的興趣、家庭背景、能力、人際互動等來做挑選。此外也須了解孩子本身的能力，包含身體動作、認知智能、語言詞彙理解、社會情緒等，才能為孩子挑選最適合的書。

三、依照主題選用

圖畫書的選用可以依照內容的主題來做挑選的依據（何三本，2003）。老師或是大人應該先閱讀圖畫書、了解圖畫書的主題後，再進一步評估是否作為教材，是否適合孩子。

四、能增進幼兒社會化

經由閱讀圖畫書，幼兒可以從書中認同主角與情境，也會和自己的

生活經驗相連結,而且幼兒也會以書中主角的行為、態度作為被社會及同儕接受與否的因素(陳美姿,2000)。

五、參考國內外得獎圖畫書

有得獎的圖畫書表示該書是經過圖畫書的評選專家學者認可,在圖畫書的品質及內容上有經過篩選,是最適合孩子閱讀的圖畫書,這也可讓教師或是家長在挑選圖畫書時做一準則(張文婷,2016):

(一)國內

1. 信誼幼兒文學獎:臺灣第一個以幼兒為對象的文學獎,1988年至今孕育出許多優秀的圖畫書作者。獎項細分成適合0～3歲嬰幼兒和3～8歲幼兒閱讀的圖畫書,方便父母和幼兒園教師區別運用。

2. 「好書大家讀」最佳少年兒童讀物獎:由臺北市、新北市圖書館主辦,是國內規模最完整、評鑑機制嚴謹之少兒讀物評選活動,其中跟幼兒較相關的是「圖畫書及幼兒讀物組」,「知識性讀物組」也有少數適合學前幼兒的科學自然主題書籍。

3. 金鼎獎／兒童及少年圖書獎:是為獎勵國人創作而設,參賽作者須為本國籍,因此得獎者必為國內優秀作者的代表作品。分為文學語文、人文、科學、圖畫書類。適合幼兒的書目不多,圖畫書得獎作品也不必然適合學前幼兒。

(二)國外

1. 美國凱迪克獎(The Caldecott Medal):美國擁有各種兒童文學獎,圖畫書類以擁有75年歷史的凱迪克獎最具權威。得獎作品舉世注目並成為暢銷書。評選標準著重藝術技巧、創意技法、以圖像詮釋故事的能力,還希望不說教,能「寓教於樂」,引發孩子共

鳴；畫家不只是炫技，更要能尊重孩子的理解能力。

2. 美國圖書館協會優良童書大獎（ALA Notable Children's Books）：此獎可說是美國眾多童書獎中的超級大獎，凡是該年度已獲得其他童書獎的優良作品一定會被列入候選名單中，等於是在好書堆中精挑細選「超級好書」。

3. 英國凱特格林威獎（The Kate Greenaway Medal）：英國圖畫書的最高榮譽，評選內容以插圖為主體，著重在創作精神和出版形式，因此評分項目為：藝術風格、平面設計、圖文整合、提供的視覺經驗。

4. 國際安徒生大獎（Hans Christian Andersen Award）：人稱「小諾貝爾獎」，是全球兒童文學界最高榮譽。不是頒給單一作品，而是屬於「個人」的獎項，獎勵對兒童文學有卓著貢獻且仍在世的作家、插畫家。

綜上所述，國內外具有規模完整、評鑑機制嚴謹的兒少讀物評選活動，提供教師為孩子挑選圖畫書時，必須先了解圖畫書的主題、種類、難易程度及故事結構等，還要了解孩子的身心發展階段，再依據所要進行的教學活動來挑選，選擇適合孩子年齡且幼兒感興趣的優良圖畫書。

肆、圖畫書教學歷程

圖畫書教學歷程可以略分為：準備活動（選書、情境布置、引起動機）；發展活動（故事呈現、故事分析、故事討論分享）；綜合活動，也就是相關的延伸活動（畫圖、戲劇、製作小書）等。經由圖畫書所發展的學習活動，能統整幼兒認知、語文、社會、情緒等各方面，讓圖畫

書的教學變得更豐富有趣。

整合學者們對於圖畫書教學的作法（林敏宜，2000；張莉莉，2006；陳雅圻，2014；趙金婷、陳瑤惠，2011；蘇振明，2002）：

一、（起始）預備活動

（一）選擇圖畫書

可以選擇與幼兒生活經驗相關、符合幼兒身心發展及幼兒喜愛的圖畫書，也可以參閱國內外圖書大獎的優秀書評。

（二）情境布置

可以陳列與圖畫書中角色、作者、物件等相關的物品布置。例如：ㄇ字型、半圓型、階梯型，讓每一位幼兒都能看得到圖畫書，享受聽故事的愉悅。

（三）引起動機

可以以猜書名、預測情節、觀賞插畫等方式吸引幼兒注意。正式進入故事的主要內容前，需先穩定幼兒的情緒，讓他們安靜聽故事。通常教師會提供與故事主題相關的人、事、物與幼兒討論，或以手指謠歌曲音樂布偶來吸引孩子的興趣。

二、發展活動

（一）說故事

1. 故事的述說方式：可以透過口語、臉部表情及肢體動作說故事，也可用朗讀方式，或是偶說故事、視訊媒體述說故事。尤其是注意到語調上的「高低起伏」及「抑揚頓挫」的聲音與速度，來傳達故事中主角的喜怒哀樂，其深刻印象就更令人難以忘懷（盧美貴、郭美

雲，2008）。
2. 說故事時可以引導幼兒融入書中的世界，除了所見的文字、圖畫之外，教師可以運用口語互動方式進行簡單的問答，或用聲音加入特效。例如：「猜猜看，小紅帽遇到了誰？」
3. 圖畫書的分享討論：討論可以安排在說故事前的情節預測，也可以在故事高潮或是懸疑時停頓加入討論，也就是說完故事後，利用「6W1H」進行故事情節討論。

教師說故事的小撇步

1. 事前充分練習（注意故事中角色的特徵、說話的方式、動作的呈現）。
2. 針對故事的內容確定高潮與衝突的部分（避免不必要的手勢及動作）。
3. 可依故事場景、事件和人物需要而設計道具〔大書、展示板、翻頁卡、閃示卡、圖片、布（紙）偶、音樂、歌謠等〕。
4. 聽完故事，學生通常可選擇用說、寫、畫或演的方式來表達對故事的感受。

（二）主題探討

林敏宜（2000）表示，「故事討論」是屬於討論法的一種，它可透過兩個人、一組人或一整個班級進行，討論故事可以建立師生雙向互動的關係。教師可以了解幼兒對故事的了解程度及思考深度與廣度，討論故事可以提供幼兒合作思考的機會，不僅幫助確認、擴展及修正個人對故事內容的理解，甚至在成人的引導下，培養傾聽、發問與表達的技

巧，學習說理與思考，建立對自己有意義的知識系統。

此外，詹日宜（2005）提醒，經由教師的引導、適切掌握討論的關鍵與重點，師生可從讀者的角度共同討論，一起探究作者於圖畫書中隱含的意念，因而共聚焦點，彼此享受愉悅的閱讀經驗；經由此過程，兒童可以直接或間接了解圖畫書的主題，作為建立個人價值、生活觀的參考。

> **教學小視窗**
>
> 　　《101繪本大閱讀》，分成十類，每類十本繪本，十類主題以「生命教育」為依據，分成：看重自己、尊重他人以及敬重環境三大項。
> 1.「看重自己」：細分為自我成長繪本、情緒與品格繪本、想像力繪本、美學教育繪本。
> 2.「尊重他人」：細分為溫馨親情繪本、和諧相處繪本、兩性平權繪本、關懷有愛的圖畫書等共四類。
> 3.「敬重環境」：細分為人文與自然兩大類，包括社會環境繪本、大自然繪本。讓孩子不但關懷日益變遷的社會環境，也注重大自然的保護。
>
> 　　原文引自：https://kknews.cc/baby/xrpgarq.html

三、總結（綜合活動）

將說故事活動延伸成具結構性的教學課程，更能呈現說故事的價

值;而利用圖畫故事的延伸教學策略,讓幼兒內化許多社會化的替代經驗,學習理性的解決問題,藉此治療和輔導幼兒的心理問題後,進而幫助其成長(岡田正章,1989;林佳慧,2002)。綜合活動方面,在故事結束後所設計的延伸活動有:

(一)語文類

看圖說故事、學習單、故事接龍、故事討論、唸讀故事、改編故事結局、故事百寶箱、法蘭絨板故事講法、偶戲、故事心得分享、小書製作、創作故事圖畫書等。

(二)藝術類

舞蹈、律動、肢體展現、音樂、扮演活動及創造性戲劇活動等。

(三)體能類

遊戲或是體能或律動。

(四)其他

戶外教學、情緒輔導、人際輔導等。

伍、幼兒園推動班級閱讀活動

一、推動班級圖畫書閱讀活動

(一)規劃「班級語文區」

林佩蓉(2021)透過購置與募集方式充實班級閱讀的圖書內容,規劃良好的閱讀環境,依語文區規劃原理設置學習環境:

1.書櫃、小沙發、小桌椅、坐墊、地毯等舒適家具,營造令人靜下來

的空間。
2. 光線充足且柔和，窗邊設置桌椅或擺放檯燈，提供足夠光線以供閱讀。
3. 擺放「展示型書櫃」，圖畫書封面一目了然，方便孩子尋找自己喜歡的書，拿取翻閱。
4. 藝術美感的布置，如擺放綠色植栽或依圖畫書內容布置成「主題閱讀區」。

（二）結合語文或各領域教學

培養幼兒閱讀圖畫書、討論圖畫書、應用圖畫書的基本態度和良好習性。

（三）小組學習活動

透過幼兒小組學習活動，培養閱讀、改編、表演的能力。

（四）「最受歡迎圖畫書」票選活動

實施幼兒或親子「最受歡迎圖畫書」票選活動，探討受歡迎書目的特質。

（五）推薦圖畫書

配合主題推薦三至五本相關圖畫書。

（六）圖書交流活動

邀請作家、圖書館員、出版人員到教室與幼兒舉行圖畫書交流。

二、圖畫書閱讀指導

以進行閱讀為例，大約可分成以下四種形式：

（一）自我閱讀

鼓勵幼兒自我閱讀，形成個人獨特的見解、心得。有了這種個人閱讀的經驗，再融入團體討論或延伸活動，有助於個體獨特性心智的發展。

（二）分享式閱讀

教師提供示範閱讀技能的機會，教師是中介者，或可透過放聲思考方式，示範閱讀歷程的技能與策略，替幼兒搭建學習閱讀的鷹架。

（三）引導式閱讀

在初步的引導後，幼兒以自己的進度閱讀，老師提供個別引導與支援。引導式閱讀所選擇的圖畫書，能提供幼兒運用分享式閱讀所學到的語文技能與策略。

（四）獨立閱讀

幼兒獨立閱讀時，老師可以擇定一兩個幼兒，觀察與記錄幼兒的閱讀與寫作特性，獨立閱讀同時讓幼兒學習閱讀技能與策略，並與個人生活經驗產生連結。

第二節 延伸教學活動

「幼兒園教保活動課程大綱」主張幼兒園應為統整教學，從主題中發展出多元的教學活動。因此，教師可善用具有豐富且多元主題的圖畫書，結合生活課程，形成統整性學習，正如谷瑞勉（2010）所言，以文學統整課程。教師可依圖畫書內容進行各領域的延伸活動，增加學習廣

度與深度。可行的圖畫書教學延伸活動如下所述（江麗莉，2006；谷瑞勉，2010；鄭惠雅，2010；盧美貴、郭美雲，2008）。

壹、創造性戲劇表演

「戲劇」是在藝術領域中內涵最多元的表現，它結合語言、音樂、舞蹈、圖像、社會、情緒等元素，在戲劇裡幼兒有最多元的選擇與表現自己的最大空間（楊樹華，2010）。

教師可以讓幼兒透過適合的圖畫書，分配故事中角色並一起製作道具，營造身歷其境的氣氛，進行創造性戲劇表演，讓圖畫書教學更具意義。並讓師生在教學歷程中激發出更多不同的想法和想像：透過角色扮演活動，幼兒對故事內容和情節將更具概念。湯慧美（2010）在《從繪本教學走入戲劇世界》中，以圖畫書內容為主要架構，幼兒們運用肢體透過戲劇扮演將圖畫書與戲劇兩者結合起來，發展出動態的圖畫書形式。

【課堂教學應用】

● 《蒲公英的種子飛飛飛》圖畫書為例：

一、從圖畫書教學走入幼兒戲劇

1. 影片介紹，讓幼兒觀賞到蒲公英的生態。
2. 圖畫書導讀與賞析。
3. 師生共讀圖像、文字並重複唸讀。
4. 透過肢體模擬讓幼兒感覺文字所呈現的意境，帶領幼兒進行（蜜蜂、蝴蝶的肢體舞動、蒲公英花開了……）從肢體模擬到肢體創作

再到加入文本中的聲音（風聲咻！咻！咻！）。

二、大家一起來演戲

1. 變成一本動態的圖畫書，以《蒲公英的種子飛飛飛》圖畫書文本呈現具體內容。
2. 規劃舞臺場景，依圖畫書內容設計主要場景——蒲公英花園、鬱金香花園、蜘蛛網、牽牛花、石頭造景等。一幕幕的場景可以由幼兒們共同製作完成。
3. 製作服裝道具。
4. 分配角色與排練。
5. 好戲開演嘍！

貳、語文遊戲

　　唱歌、唸謠，為幼兒帶來歡樂，在愉快的氣氛中學習，以提升學習動機與成效，且兒歌、手指謠可由師生合力創作，結合語文趣味與創造力學習。教師亦可將歌謠結合肢體動作，豐富的聲音表情和肢體語言，讓語文學習更加活潑生動。

參、藝術創作

　　圖畫書是最好的藝術啟發，幼兒從模仿、欣賞到想像創作來進行學習，可嘗試各種媒材創作屬於自己的圖畫書，完成的作品可放在語文區供幼兒閱讀，不僅能增加幼兒表達的機會，也有助於讀寫能力的提升。

　　綜上所述，圖畫書教學延伸活動，有多元的進行方式，除了幫助幼

兒加深對圖畫書的印象，也讓幼兒連結生活和學習的經驗。教學延伸活動涉及教保活動課程大綱語文領域的四大學習面向：肢體、口語、圖像符號及文字功能，對幼兒的讀寫能力有所助益。

肆、圖畫書教學活動設計舉隅

表 6-2 ▪ 幼兒園圖畫書教學活動

全園式	班級性
1. 閱讀護照 2. 老師說故事 3. 義工媽媽說故事 4. 小朋友說故事 5. 每週一書（明星小書） 6. 書箱活動 7. 朗讀活動 8. 說故事比賽 9. 戲劇活動	1. 圖書借閱 2. 閱讀樹 3. 幸福書袋（把書帶回家） 4. 分享日、閱讀日 5. 好書推薦 6. 每週一書、每日一小故事 7. 小天使、老師、志工家長說故事 8. 智慧牆（每日一句智慧語） 9. 每日一圖（看圖說故事）、故事卡 10. 故事接龍、故事創作 11. 故事牆 12. 仿畫、描畫、再創 13. 閱讀存摺 14. 書信活動 15. 兒歌童詩創作 16. 閱讀摘要

資料來源：筆者自行整理。

第三節 環境營造

幼兒學習語文的過程中，環境營造是不可或缺的。以下將環境營造分為兩部分探討，分別為學習區的語文環境及語文環境的班級經營。

壹、學習區的語文環境

研究發現，幼兒在豐富的讀寫環境中，會自發性使用文字的頻率倍增，教師應妥善規劃與設計教室裡的語文區及其他學習區，來提升幼兒讀寫能力（Jeanne, 2007/2009）。以下分語文區及非語文區說明。

一、語文區

目的在提升表達、敘說與溝通能力，增進圖像符號、文字識讀及使用能力。使用規劃形式（林佩蓉，2021：102）：

（一）閱讀區：提供閱讀圖畫書、圖鑑或兒歌、詩歌掛圖

Morrow 與 Weinstein（1982）指出，教室中有大量的高優質閱讀文物時，幼兒閱讀頻率較高，有較強的閱讀能力（引自 McGee, & Richgels, 2000/2005）。提供幼兒閱讀的圖畫書，除了配合教學主題，還要考量種類、難易度、幼兒的興趣和年齡，以引起幼兒的共鳴。此外，圖畫書的擺放也是教師必須留意的，因為有一定的歸類和位置，並貼上書本和書名的對應標籤，以便幼兒拿取和收拾（林珮仔、蔡邑庭，2014；臧瑩卓，2017），也能無形中提升文字的概念。

（二）視聽區：以平板看動畫故事，或以錄音筆說故事

線上說故事方式，可以將圖畫書或改編故事錄音，老師協助編輯變成有聲書。

（三）說演區：以故事桌或偶戲臺說演幼兒喜歡的圖畫書故事

可放置大書、故事偶和偶臺、情境圖卡及教師自製的高操作性教具，供幼兒自由選擇與探索，並進行說演故事活動（Smith et al., 2002/2007）。

（四）小書創作區：提供書寫材料改編創作小書

設置書寫區，並擺放各式紙張、各類畫筆、仿寫材料、標誌、字詞範例、海報或印章等，讓幼兒依自己的興趣進行書寫或仿寫練習（Jeanne, 2007/2009），進而改編或創作小書。

（五）動畫故事拍攝區：以平板、照相機拍攝改編、創作小書

語文區設計動畫拍攝區，停格動畫融入角落中：幼兒於戶外、角落或班群活動中的見聞，回到角落運用工具以停格動畫導演出自己的學習經驗。

二、非語文區

有意義的讀寫環境並不僅限於語文區，教師可進行學習區布置、提供不同的教具與讀寫材料、將語文區以外的學習區營造出語文學習情境，有助於提升幼兒讀寫能力。例如，在美勞區放置剪紙書、繪圖教學書本，扮演區提供菜單或食譜，積木區放形狀圖表等（林珮仔、蔡邑庭，2014）。教師亦可在各學習區提供紙筆，培養幼兒記錄的習慣，讓幼兒在自然情境中發展讀寫能力。

當教師進行語文相關活動，其相關作品即可作為環境布置的內容，例如每日的簽到表、閱讀活動的記錄海報、幼兒名牌、兒歌海報、幼兒作品等，張貼在教室中營造良好的語文學習環境。環境營造的目的是為了創造一個有意義的讀寫環境，而非將讀寫抽離真實生活情境。由此可知環境營造的重要性。

貳、語文環境的班級經營

一、圖畫書與班級經營

1. 例行性活動：著重一日作息，每週安排「圖畫書共讀時間」。
2. 學習區活動：將「圖畫書融入學習區」，引發多元的創作想法。
3. 主題活動：重視每位孩子，以孩子的興趣、需求研發課程活動。
4. 班際共榮：整合園內資源，進行「跨班級資源交流」。
5. 家長參與：「家長支持教學理念」，主動提供教學資源。
6. 社區連結：「善用社區圖書資源」，並將創作作品回饋給社區。

二、圖畫書創新教學策略

從圖畫書共讀的例行性活動出發，引導孩子產生探究圖畫書的熱忱，提出創作圖畫書的想法，嘗試整合資源，研發符合孩子發展及需求的圖畫書教學創新策略，深化學習，帶領孩子創作圖畫書進而延伸創作。

（一）共讀圖畫書

回應閱讀的感受→討論圖畫書的圖與文→回應圖畫書並延伸創作→形成創作圖畫書的想法。

（二）教學策略

(1) 團體合作，共編圖畫書的故事與主題；(2) 提供多樣圖畫書，啟發孩子多元素材的想法；(3) 重視圖像的敘說能力，研究故事圖像共同說故事的方式。

（三）創作圖畫書

(1) 決定故事主題；(2) 創作圖像的角色與背景；(3) 文圖配置與討論修改；(4) 完成圖畫書。

（四）推廣圖畫書

(1) 實體分享（印製實體圖畫書、舉辦推廣書展）；(2) 多媒體推廣（線上視訊說故事、製作逐格動畫有聲書）。

第四節 圖畫書的設計與製作

圖畫書有「紙上電影」之稱，本節提到的幼兒圖畫書設計與製作，提供學習者先以平面到立體的圖畫書創作，來培養學生基礎創作技巧與製作流程等專業能力，在教學中以團體遊戲的方式注入創意思考的訓練，引發學生的學習興趣並主動參與。故本案將課程分為四個階段，希望藉由圖畫書的創作課程，提升學生的知識學習、實作能力與個人自信心等。其教學四階段依序說明如下：

壹、設計理念

圖畫書是結合文字與圖畫表現的一種藝術創作形式，透過圖畫書創

作可以讓孩子輕鬆表達自己的想法及創意，可以是情感的抒發，或是當作夢想與現實之間的橋梁，主要就是讓孩子能說自己的話、畫自己的畫、做自己的書，從創作的過程中肯定自我，在分享的活動中，懂得尊重自己的想法，也尊重別人的想法。所以本教學活動的設計主要在讓學生對圖畫書創作有基本的概念後，能嘗試製作自己的第一本圖畫小書，教學從如何「**尋找主題**」開始。

貳、教學目標

1. 認識圖畫書，了解圖畫書的內容形式及作法。
2. 運用一個主題創作自己的圖畫小書。
3. 表達個人創作的想法並欣賞他人的作品。

參、教學內容──教材設計

一、什麼是圖畫書

1. 文字＋插畫＝圖畫書。
2. 圖畫書是利用文字與圖畫相輔相成表達故事、經驗或思想的創作。
3. 圖畫書不是單指給幼兒閱讀的，創作可以給任何人──包括成人和幼兒欣賞、分享。
4. 圖畫書創作是一個發現自我的歷程，自己的「畫」加上自己的「話」，用赤子之心將生活中的美好事物、瞬間的感動或心情的變化記錄下來，是最好的創作泉源。

二、圖畫書的內容

　　圖畫書的內容並沒有特別的規定，只要想得到的都可以，首先製作要設定什麼【主題】，以下分享幾種常見的圖畫書內容範例：

1. 故事式：把聽過的故事加上自己的圖畫就成了一本自己的書；也可以把故事改編，如果整個故事改編太難，可以只改編一小部分，或是給一個不一樣的結局，也有不同的效果。
2. 想像式：每個人都有幻想的經驗，例如想像自己長出了翅膀能在空中飛翔，或是一隻貓因為心情不好去旅行。把自己的想像畫下來、寫下來就是一本很棒的書！
3. 心情式：圖畫書不一定是故事，也可以只是心情的描述，表現心情的變化或是做某件事時的感受。
4. 問答式：利用一問一答的創作，可以用相同的問題來問不同的對象，或是不管問什麼，答案都一樣，運用自己的巧思，創造出一些趣味。

肆、圖畫書的作法

　　圖畫書包含文字及圖畫，所以在製作時要考慮到文字及圖畫的表現方式。圖畫的部分可以完全用畫的，也可以用剪貼，甚至用不同材質的東西剪貼還能表現出特殊的效果。而文字的部分除了可以用手寫，也可以用電腦打字，看起來會整齊又美觀。當創作時，除了要先想好內容及圖畫和文字安排外，還要考慮到用何種裝訂方式來呈現你的創作內容。以下介紹幾種製作方式。

一、創作練習【四頁書】

　　四頁書是最容易製作的一種圖畫書形式，只要準備一張空白紙（如圖 6-1）對摺成八等分，然後將部分剪開，沿中線對摺後，順著摺線往外摺，就成了一本四頁書，因為可以站立，所以有更大的發揮空間，四個跨頁可以用來表達不同的情境，完成後放在書桌上就是一個相當特別的裝飾，也可以加上書背，做成一本翻閱圖畫書。

圖 6-1 ▪ 四頁書製作圖示

參考鄧美雲與周世宗（2000）《繪本創作 DIY》作法：

1. 八開圖畫紙對摺再對摺，成為四等份。

2. 中間剪開。

3. 將圖畫紙展開。

4. 上下對摺後，捏住長邊往中心點擠壓，即有四頁小書型態。

5. 以釘書機裝訂後，更容易翻閱不變形。

6. 分為封面、封底與內容，可以繪製自己喜歡的圖形或故事。

CHAPTER 6
圖畫書教學的實施

- 閱讀發想範例:

《萊姆冒險記》[2]（如圖 6-2）可以這樣做：

1. 從大自然相關主題的書籍中，想想你對海洋的觀察與體會。
2. 有一隻水母，他的工作就是保護大家的安全。
3. 大鯊魚的出現破壞了海底世界的平靜。
4. 透過四頁書，畫出大自然海洋的生態。

- 四頁圖畫書作品分享：

故事角色：萊姆、小溪、小鳴、鯊魚

故事大綱：海底世界裡藏著許多危險，有一天鯊魚攻擊正在玩耍的海豚。就在這時，水母出現拯救了他們，因此成為了好朋友。

圖 6-2 ▪ 四頁書《萊姆冒險記》

---

[2] 圖／文：陳彥妤、張珮瑄、阮筱晴、林欣儀共同創作。

二、創作練習【摺疊書】

當有很長的故事要說，四頁書可能不夠用，可以嘗試做摺疊書，像家人朋友生日時，也可以當作禮物書送給他們。作法如圖 6-3：

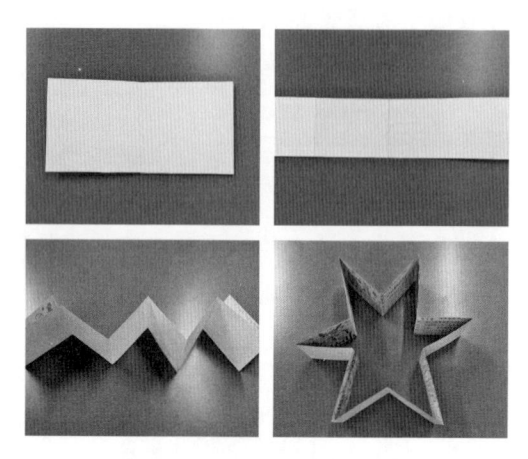

圖 6-3 ▪ 摺疊書製作圖示

1. 拿一張全開的海報紙，剪下長邊的一長條，寬度看自己要做的圖畫書高度而定，動手摺疊。
2. 另外準備一張較厚的紙，裁切出封面和封底，並且貼上漂亮的緞帶，內容完成後，黏上封面和封底，綁上緞帶就是一本美麗的圖畫書。

● 摺疊圖畫書作品分享：《奇幻音樂會》[3]（如圖 6-4）

故事角色：萊姆、小溪、小鳴

故事大綱：海底世界的動物們一起去聽音樂會，在音樂會裡有人提到海底有一艘沉船，於是動物們相約結伴，要到船內探訪是否有著神秘的寶藏。

---

[3] 圖／文：陳彥好、張珮瑄、阮筱晴、林欣儀共同創作。

圖 6-4 ▪ 摺疊書《奇幻音樂會》

三、創作練習【立體書】

作法：1. 將長方形的紙卡摺疊，並準備數張長形紙條，摺好後，將紙條貼在每頁長形紙卡上，並繪製圖案，剪貼在長形紙條上即可。

2. 將長方形紙卡摺疊，並在摺疊處裁切兩道（約 1.5 公分），將每頁兩條裁切線中間的紙張立起，使其呈現立體狀，再繪製圖案，剪貼在立體處（如圖 6-5）。

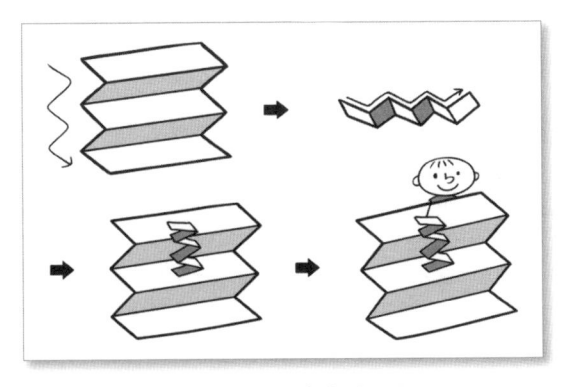

圖 6-5 ▪ 立體書製作圖示

- 立體圖畫書作品分享：《一輩子的好朋友》[4]（如圖 6-6）

  故事角色：萊姆、小溪、小鳴

  故事大綱：海底世界的動物們看著精彩的煙火秀後，回想一路走來的種種冒險經歷，他們的友誼變得更加堅定，並約定要當一輩子的好朋友，不管未來遇到什麼，一定會肩並肩，一起面對共同解決！

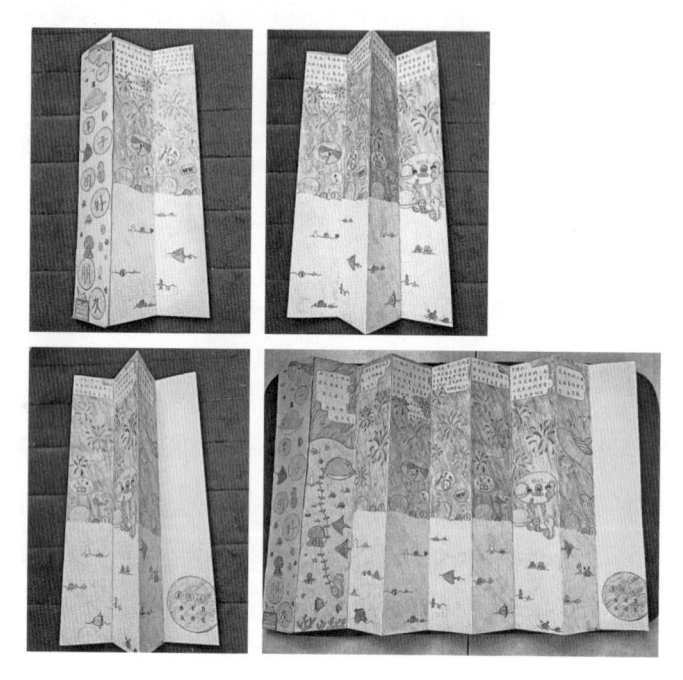

圖 6-6 ▪ 立體書《一輩子的好朋友》

四、創作練習【無字書圖卡】

作法：培養孩子讀圖的能力、觀察推理能力和口語表達能力。可以找尋系列性的，對於還未具識讀能力的幼兒在還沒學會閱讀之前，就可以運用（如圖 6-7）。

---

[4] 圖／文：陳彥好、張珮瑄、阮筱晴、林欣儀共同創作。

圖 6-7 ▪ 無字書製作圖示

● 無字圖畫書作品分享：《寶藏尋寶記》[5]（圖 6-8）

故事角色：萊姆、小溪、小鳴

故事大綱：海底世界的動物們一起在船艙內邊玩耍邊尋找寶藏，最後在船長室內找到了神秘的寶藏箱，他們打開後發現並沒有金銀珠寶，但是他們卻獲得了堅定的友誼。

---

[5] 圖／文：陳彥妤、張珮瑄、阮筱晴、林欣儀共同創作。

圖 6-8 ▪ 無字書《寶藏尋寶記》

五、創作練習【地板書或翻翻書】

　　如何讓圖畫書嘗試改變製作，翻翻書配合故事情節或圖畫的連貫性，增加左右翻或上下翻的頁面，也可以做局部的翻翻書（如圖 6-9）。

　　作法：(1) 拿出一張四開粉彩紙；(2) 摺出九宮格摺線；(3) 拿出剪刀於第一排左至右剪二格，第三排由右至左剪二格；(4) 由第三排最後一格往左回摺二格→往上摺→往右二格→往上摺→往左，剩二頁時，第一頁往左摺當作封面頁；(5) 逐步打開每一頁並標註頁碼後，即可以開始設計 16 頁的圖文。

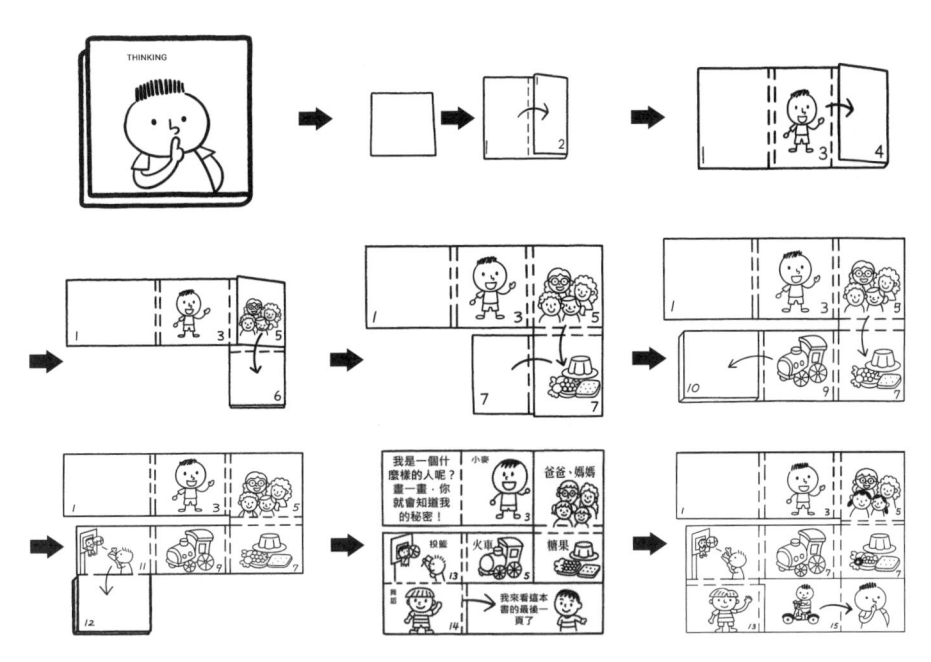

CHAPTER 6
圖畫書教學的實施

圖 6-9 ▪ 翻翻書製作圖示

- 翻翻書作品分享：《喜歡吃什麼？》[6]（如圖 6-10）

  故事角色：豬小弟

  故事大綱：動物們喜歡吃什麼？故事內容隨著每一頁翻開來猜猜看、說說看，在翻閱的過程中可以認識每一種動物，也可以認識食物的名稱，可兼顧語文和認知的學習樂趣。

---

[6] 圖：張純子。

209

圖 6-10 ▪ 翻翻書《喜歡吃什麼？》

六、創作練習【透明圖畫書】

　　藉由透明片的透明效果，製作有趣層層疊疊的驚喜創意圖畫書（如圖 6-11）。透明製作技巧簡單，透過層層疊疊的變化性即能產生驚奇效果，適用於認知、語文、身體動作與健康等領域教學活動（曾淑美、蔡春美，2005）。作法如下：

1. 先將故事構思完成，可以是一件事情發生的經過，或某一物品由內到外來發揮故事情節，如重疊性、遞增遞減、由大到小、由裡到外等排列組合變化。
2. 可用油性筆直接彩繪或用剪貼的方式製作。
3. 最後一頁必須用不透明的紙當背景。
4. 每一張透明片皆為故事表現的重點，最多使用五至六張透明片。
5. 最好從背景由最後一張往上製作。
6. 圖片的黏貼可用白膠、雙面膠帶、相片膠固定。
7. 完成不透明封面圖形，裝訂成冊。

CHAPTER 6
圖畫書教學的實施

特殊技巧（倒敘法、平鋪直敘法）要注意排列順序、重疊位置和故事的劇情配合製作，才能製作出有趣又好玩的透明圖畫書。

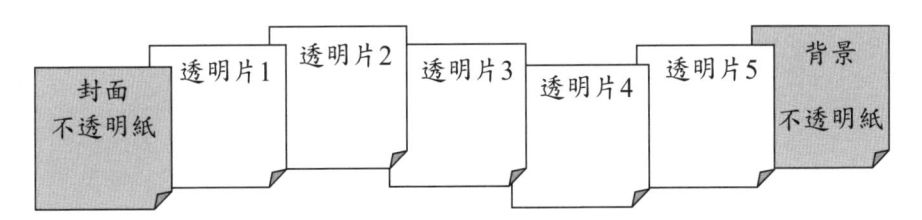

圖 6-11 ▪ 透明圖畫書製作圖示

● 透明圖畫書作品：《太陽公公出來了》[7]（如圖 6-12）

圖 6-12 ▪ 透明圖畫書《太陽公公出來了》

---

[7] 圖：張純子。

故事角色：太陽、鴨子、小鳥、小象、小松鼠、豬小妹

故事大綱：一天早上，太陽公公正探出頭來，準備跟森林裡的動物們說早安，這時候小鳥、鴨子哼著歌；小象、小松鼠，最後豬小妹也來了，大家隨著音樂愉快地跳舞，真是有趣呀！

結語

本章從閱讀、創作、分享的教學和核心概念，帶領學生沉浸在幼兒圖畫書教學之多元活動中，引導學生更深入了解幼兒圖畫書教學的相關概念，從圖畫書教學歷程、推動班級閱讀活動、環境營造及設計與製作圖畫書等，進而透過生活議題中的觀察，找出故事題材後嘗試發展相關故事。最後，學習者能從之前學習的媒材與工具體驗的先備知識及創新點子來進行創作。

創作出一本完整的圖畫書作品（個人或小組合作），均可再將其作品延伸至電子書、動畫短片或指導學生參與相關競賽等，可使學生透過課程具備實作能力，並學習到各種實務經驗。

課後作業／問題討論

1. 圖畫書教學的定義為何？
2. 參考國內外得獎圖畫書，可採取分組或每人選擇一本進行介紹。

書名		作者		繪者	
獲獎項目				出版社	
賞析重點					

3. 從上述所選擇的那一本圖畫書進行活動設計（起始活動→發展活動→綜合活動→延伸活動）。
4. 在幼兒園語文區和非語文區情境營造上，找出「圖畫書」規劃形式的重點。
5. 依據本章提供的「自製小書」，選擇一種方式設計與製作，完成後進行分享賞析。

參考文獻

中文部分

江麗莉（2006）。繪我童年閱讀起飛：幼稚園繪本教學資源手冊。教育部。

何三本（2003）。幼兒文學。五南。

谷瑞勉（2010）。幼兒文學與教學。心理。

岡田正章（1989）。幼稚園繪本・童話教學設計。武陵。

林佩蓉（2021）。幼兒園課程與教學品質評估表 2021 版。教育部國民及學前教育署。

林佳慧（2002）。故事啊！故事！──淺談說故事的原則與延伸策略。**幼教資訊**，137，7-11。

林珮仔、蔡邑庭（2014）。小一學童的基礎閱讀表現與幼兒園閱讀素養環境的關聯。**教育研究與發展期刊**，10（2），1-30。

林真美（1999）。在繪本的花園裡──和孩子共享繪本的樂趣。遠流。

林敏宜（2000）。圖畫書的欣賞與應用。心理。

張文婷（2016）。認識國內外童書大獎。親子天下。https://www.parenting.com.tw/article/5043463

張莉莉（2006）。幼稚園教師圖畫書教學歷程中的討論分析──以「美德」主題為例〔未出版之碩士論文〕。國立屏東教育大學。

教育部（2017）。幼兒園教保活動課程大綱。教育部國民及學前教育署。

陳美姿（2000）。以兒童繪本進行幼兒情感教育之行動研究〔未出版之碩士論文〕。國立東華大學。

陳雅圻（2014）。運用圖畫書教學提升幼兒閱讀動機之探究〔未出版之碩士論文〕。國立屏東教育大學。

曾淑美、蔡春美（2005）。**創意教學活動設計——透明繪本的製作與運用**。心理。

湯慧美（2010）。從繪本教學走入戲劇世界。載於劉素顛、林素珠、楊淑美、陳嘉露、王錦條、吳美華、葉淑芬、陳芳菊、湯慧美（編），**班級共讀與幼兒學習**（100-118 頁）。麗文文化。

楊樹華（2010）。打開藝想世界之窗～看到繪本的藝術價值。載於劉素顛、林素珠、楊淑美、陳嘉露、王錦條、吳美華、葉淑芬、陳芳菊、湯慧美（編），**班級共讀與幼兒學習**（50-55 頁）。麗文文化。

詹日宜（2005）。**圖畫書教學情境中幼兒分享概念發展之探究**〔未出版之碩士論文〕。國立新竹教育大學。

臧瑩卓（2017）。**幼兒學習環境——理論與實務**。群英。

趙金婷、陳瑤惠（2011）。職前教保人員與幼兒共讀圖畫書之互動歷程探究。**嘉南學報**，36，271-285。

潘世尊（2014）。幼兒園新課綱語文領域之實踐。**兒童照顧與教育**，4，1-26。

鄧美雲、周世宗（2000）。**繪本創作 DIY**。雄獅圖書。

鄭惠雅（2010）。**繪本教學融入新移民女性親職教育課程之行動研究**〔未出版之碩士論文〕。國立高雄師範大學。

盧美貴、郭美雲（2008）。幼兒生命「故事」的編織幼稚園繪本教學策略的運用。**台灣教育**，654，2-9。

蘇振明（2002）。圖畫書的定義與要素。載於徐素霞（編），**台灣兒童圖畫書導賞**（14-15 頁）。國立臺灣藝術教育館。

Jeanne M. M.（2009）。**幼兒語文教材教法**〔簡楚瑛、陳淑娟、黃玉如、張雁玲、吳麗雲譯〕。心理。（原著出版年：2007）

McGee, L. M., & Richgels, D. J.（2005）。**幼兒讀寫發展**〔謝孟岑、吳亞恆、江燕鳳譯〕。華騰。（原著出版年：2000）

Smith, M. W., Dickinson, D. K., Sangeorge, A., & Anastasopoulos, L.（2007）。幼兒語言與讀寫課室觀察工具集使用指南〔張鑑如、善雲譯〕。心理。（原著出版年：2002）

英文部分

Holdaway, D. (1979). *The foundations of literacy*. Heinemann.

CHAPTER

7

運用圖畫書進行主題教學

　　本章提出以圖畫書作為主題教學的媒介，結合與圖畫書相關的議題，掌握課程網絡概念，串聯起各個領域的統整性課程設計，最大的優點是教師能在教學活動中讓幼兒經由圖畫書的指引與原先舊有生活經驗相結合，拓展幼兒對主題所欲傳達的概念。

　　本章探討的重點：第一，圖畫書應用主題教學的理論；第二，圖畫書主題教學活動設計；第三，STEAM 教育融入圖畫書教學的應用；第四，感官探索應用圖畫書教學活動設計。期盼幼兒教育工作者可以運用多樣性的主題和活動，使圖畫書教學更加多元化、活潑化。

第一節　圖畫書應用主題教學的理論

本章所指的「主題教學」意指以幼兒為中心，引導幼兒針對某一核心概念（主題）來進行探究的教學方式。在課程發展中秉持師生共同建構之原則，運用圖畫書媒介教學之互動方式，連結幼兒新舊經驗，以思考問題解決的方法，統整幼兒學習經驗，建構幼兒學習知識。它提供幼兒具有一整體經驗或概念的功能（王嘉勤，2013）。

壹、主題探究課程概念

李亞蒨（2007：11）指出：「圖畫書更具有完整性，能提供完整的情境脈絡供師生進行深入探究的活動。」圖畫書之完整性是能依不同的主題教學內容提供各式的學習型態，使幼兒獲得全方位的學習。

鄭博真（2008）認為主題課程是一種統整性的課程，因此主題課程基於統整的理想，其最終目標是能幫助幼兒獲得完整性的學習與發展，包含語文、身體動作、認知、美感、社會、情緒及創造力等，讓幼兒的學習更具有意義。

總而言之，圖畫書有別於視聽媒材單向性的傳遞訊息功能，透過口語的傳達能提升師生間互動的機會。在圖文並茂的圖畫書中，透過語言文字的講解敘述，再搭配圖像的展現，運用主題教學統整性課程的概念，可使得圖畫書的學習更具整體性，進而達到傳達主題故事意涵的功效。可以網絡活動圖（圖 7-1）作為主題探究課程的先備知識。

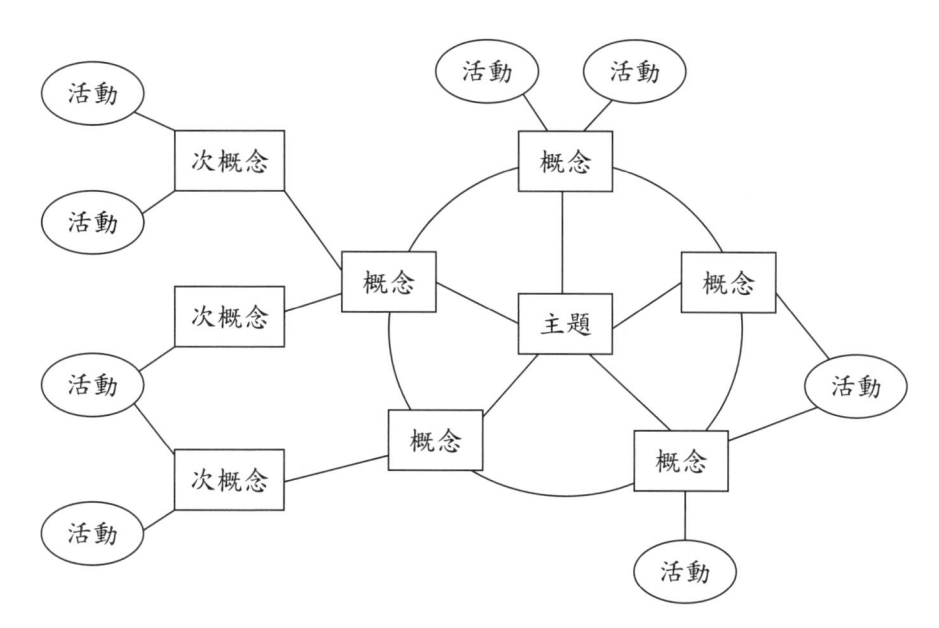

圖 7-1 ▪ 主題探究課程概念網絡活動圖（引自周淑惠，2006：103）

貳、主題教學應用圖畫書的實施策略

一、幼兒舊經驗與主題的橋梁

　　圖畫書作為主題教學的媒介，最大的優點是教師能在教學活動中，讓幼兒經由圖畫書的指引與原先舊有生活經驗相結合，拓展幼兒對主題所欲傳達的概念。例如以《大家來種樹》運用延伸概念的引發：

　　種植概念延伸到樹概念學習的銜接，啟動幼兒探究新事物的動機，繼而發展出樹的構造認識、樹的功能理解、樹的型態肢體創作等，到圖畫書戲劇的演出。

二、因幼兒特質符合其需求

圖畫書的種類繁多，能提供教師不同的選擇，教師可以依照班上主題內容，以及依幼兒的能力、興趣、需求去抉擇適合幼兒的圖畫書進行教學活動。

三、用方式多元活潑的學習活動

幼兒圖畫書教學的設計若能結合戲劇、美勞、遊戲、語文、音樂等多元活動設計，更能加深兒童的經驗與理解（余秀玲，2007）。

例如：看圖說故事、手偶劇、主題意境想像活動、圖畫書壁畫創作、幼兒戲劇演出及多元系列創作等。圖畫書媒介教學後延伸閱讀的困境，我們設立主題閱讀桌，加入紙、筆等等素材，提供幼兒延伸圖畫書學習的空間。

四、創造思考的啟發等多元的運用模式

透過圖畫書媒介教學的過程，可善用相關圖畫書的分享激發幼兒對主題概念的想像能力，延伸幼兒口語表達及思考空間，並藉由圖畫書內容的豐富性提升幼兒創造的動力。例如：

1. 《葉子鳥》

   圖畫書提供我們多元的資源情境，如葉子鳥的圖畫有寬廣的想像空間，以樹葉為鳥，貼葉繪圖，做擬人化的演出，讓幼兒揮灑創意。

2. 《當我們同在一起》

   身為室友的他們，就算是個性截然不同，依然能產生一系列的合作學習。

五、圖畫書的統整學習經驗

圖畫書如百科全書般,能提供各種學習經驗(江麗莉,2006)。教師依照主題教學的目標,挑選適合幼兒的圖畫書,讓幼兒深入的探究、延伸主題,是實施統整學習的最好方式(如圖 7-2)。

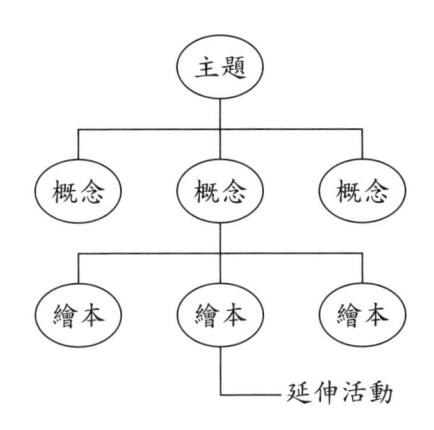

圖 7-2 ▪ 圖畫書主題課程概念網(引自江麗莉,2006:18)

六、圖畫書的統整學習經驗實例

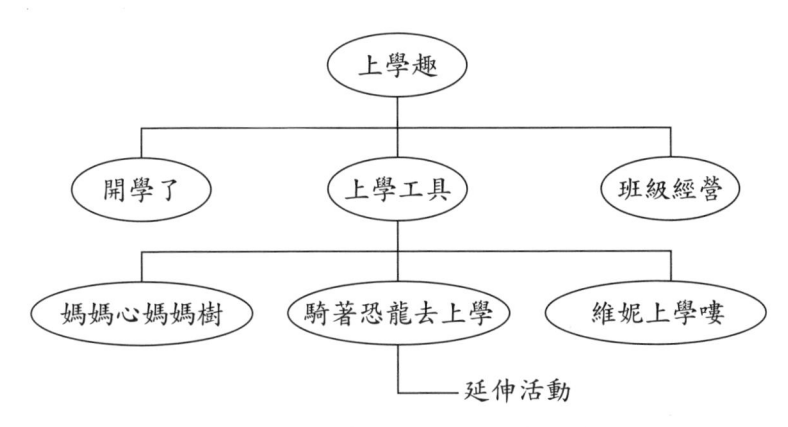

圖 7-3 ▪ 圖畫書主題課程概念網實例

參、圖畫書媒介主題教學方法及準備

綜合下述的圖畫書媒介主題教學策略及準備，強調以幼兒為學習的主體，結合圖畫書的特質，適合運用於主題教學活動。

一、教學前的準備

在教學前，教師必須了解圖畫書的情節及所傳達的主題概念，妥善規劃圖畫書呈現及引導的方式，例如以講述、圖像賞析、大書、戲劇、手偶、多媒體、電子書等多元方式呈現不同風貌，以提升幼兒對圖畫書教學的學習興趣。

二、營造教學的情境

教師應善於運用本身的肢體動作、聲音及表情，適切地呈現出圖畫書內容及情節的高低起伏，透過生動活潑的傳達方式，讓幼兒能真實感受圖畫書的整體經驗。教師在圖畫書教學歷程中可藉由角色扮演、互動遊戲、故事內容臆測、圖像聯想等方式，營造幼兒身歷其境的氛圍，讓教學能貼近幼兒的世界及生活化的呈現於活動中，進而激盪出師生之間對於圖畫書有更多不同的想法及創意。

三、圖畫書的分享與回饋

教師在進行圖畫書教學的過程中，可透過回顧舊有經驗、自身經驗分享、提問或重述問題等方式，引導幼兒發揮想像、創造及深入思考的能力，讓圖畫書教學更具意義及價值。

CHAPTER 7 運用圖畫書進行主題教學

肆、萌發式課程的活動設計

瑞吉歐學前教育系統創始人馬拉古齊（Malagucci）認為知識的產生不單單是由成人直接教導，尚需兒童從生活的互動與經驗中建構。萌發式課程（Emergent Curriculum）不是教師預定的，是基於教師與學生的互動逐漸發展成活動或方案，這種問題解決的課程設計是屬於一種彈性的萌發式課程（Cadwell, 1997/2000）。

圖畫書發展課程，乃是以圖畫書為課程發展主軸，師生共同探索其中的六大領域（身體動作與健康、社會、認知、語文、情緒、美感）。參考沈怡伶（2007：49-55）《繪本怎麼教？繪本創意與萌發》，以主題圖畫書所進行的活動設計。以「愛書人」主題為例：

一、主題萌發期

萌發於老師分享《愛書人黃茉莉》圖畫書故事，帶領孩子進入「書」的世界，品味體驗「閱讀」的樂趣，希望孩子都能成為「愛書人」，並樂於分享與交流。

二、主題發展期

1. **主題情境布置**
在情境布置上，以幾次的教學作品逐步完成。可規劃製作：我的小書、引導孩子分享最喜愛的圖畫書，以繪者身分去設計封面，書名部分以畫字仿寫。
2. **教學前概念網→教學後活動網**
3. **教學資源**：圖畫書《愛書人黃茉莉》、書名卡、圖畫書、猜書圈名條、筆。

4. 主題深化討論的架構

以《愛書人黃茉莉》進行圖畫書賞析為架構。

原因：為什麼黃茉莉有那麼多的書？

經過：黃茉莉平常什麼時候會看書？

結果：書對黃茉莉有什麼影響？

延伸：小朋友，你喜歡看書嗎？為什麼？

延伸活動：書中自有黃金屋（猜書名與配對）。

5. 評量

口頭評量：會說出自己的想法。

觀察評量：會參與討論。

操作評量：會依書名卡找到正確的書。

三、主題回顧

透過這個主題，帶領孩子進入書香的有趣世界，引導孩子愛書、親近書、習於閱讀，並樂於傾聽分享，其中可運用其他相關的圖畫書的結構、分類、紙張及圖書館的功能，帶領孩子參觀並實際操作，透過不同的遊戲活動，甚至可以在全園性活動，以音樂劇方式和孩子互動和分享，讓孩子沉浸在書的世界中，藉此激發孩子不斷地探究與實踐。

第二節　圖畫書主題教學活動設計

圖畫書主題教學，是以「主題概念網」[1]為基礎，將重要的主題教

---

[1] 係以一個概念或主題為中心，由內而外逐漸擴散，連結相關概念的圖示，如圖 7-4 圖畫書故事概念圖。

學概念結合到圖畫書。有幾項重點：(1) 讓幼兒透過文本閱讀（分析圖畫書故事架構）幫助教師更容易帶領幼兒探討故事的脈絡；(2) 學習主題概念（從故事中帶出不同層次）；(3) 藉由教師專業的引導（對話式提問）進行活動，依據幼兒能力做深入淺出的問題探討；(4) 發展活動（結合圖畫書故事中相關議題，設計六大領域的教學活動），帶領幼兒做深度的知識探索、能力啟發，培養覺知辨識、表達溝通、關懷合作、推理賞析、想像創造、自主管理等六大核心素養。以下分享《旅行的三顆種子》故事架構圖、教學層次、概念網、學習區之教學設計（世一文化編輯部，2019）：

壹、旅行的三顆種子

一、書籍簡介

一則身患殘疾，藉由旅遊看見臺灣，發現人生美好與自我認同的故事。

在人權的議題上，小豪雖然承受身體障礙，然而還是應該享有與一般孩子相同權利的生活。書中所描述的這三顆「空空的」種子，暗示著並非實質的種子，而是抽象的、代表希望與小豪體悟的種子。

二、內容介紹

小豪的腳跟別人不一樣！喜歡旅行的叔叔要帶他去旅行，尋找水上森林、陸地上的鯨魚、射下太陽的勇士、五月雪……。「真的有這些地方嗎？」小豪質疑著、好奇著，遲遲不敢下定決心，直到勇士給他三顆種子，成了生命的轉捩點，讓他邁出人生的旅行步伐，感受到生活的另一個面向。

三、圖畫書故事架構

情節
- 小豪再次收到叔叔的明信片
- 小豪因為身體的障礙害怕去旅行
- 小豪於夢中獲得勇士給的三顆種子
- 小豪下定決心去旅行
- 小豪旅行中所發生的事及收穫

角色
小豪、叔叔、媽媽、爸爸、郵差

旅行的三顆種子

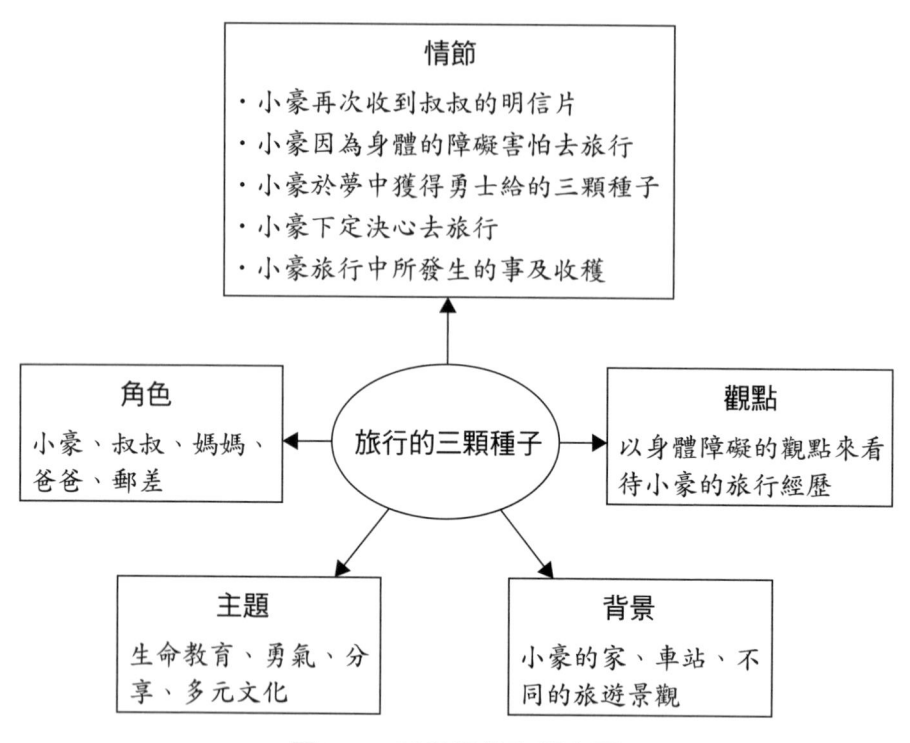

觀點
以身體障礙的觀點來看待小豪的旅行經歷

主題
生命教育、勇氣、分享、多元文化

背景
小豪的家、車站、不同的旅遊景觀

圖 7-4 ▪ 圖畫書故事概念圖

CHAPTER 7
運用圖畫書進行主題教學

四、圖畫書故事內容發展不同教學層次

表 7-1 ▪ 圖畫書故事的教學層次

層次	教學目標／內容	提問
1	**故事從封面／封底開始** 閱讀不只是文字，圖畫也是閱讀。聽見？看見？感受？思考？	• 看到了什麼？書名是什麼？ • 巨人給小男孩什麼？為什麼？跟這本圖畫書有什麼關係呢？ • 有注意到魚和火車有什麼不一樣？
2	**尊重人權——外表和我不一樣的人** 感受外在殘缺者的心情與內在情感與我們無異	• 小豪為什麼自己推著輪椅上殘障坡道去火車站呢？如果是你會是什麼心情？ • 為什麼爸爸媽媽不推小豪去呢？
3	**故事角色——性格的轉折** 自收到野柳明信片→猶豫不決→夢境→下定決心旅遊→勇敢乘坐竹筏	• 這個畫面看起來在哪裡呢？是叔叔說的水上森林嗎？ • 小豪在跟誰打招呼呢？他們搭船要去哪裡呢？ • 船上的人在做什麼事呢？
4	**明信片——旅行臺灣，多感官學習** 勇敢冒險→感官探索，學習生活的另一個面向→發現臺灣的美好	• 這些明信片的風景是哪裡呢？ • 請在臺灣地圖上指出那些地點。你去過嗎？最喜歡哪一張？為什麼？
5	**尊重多元族群文化** 了解臺灣各地不同族群的習俗→多元語言的接觸	• 圖畫中你看到了什麼東西？它們的名字怎麼說？ • 請說說看，小豪和叔叔在做什麼事？圖畫中的城市你去過嗎？感覺如何？

五、圖畫書主題概念網

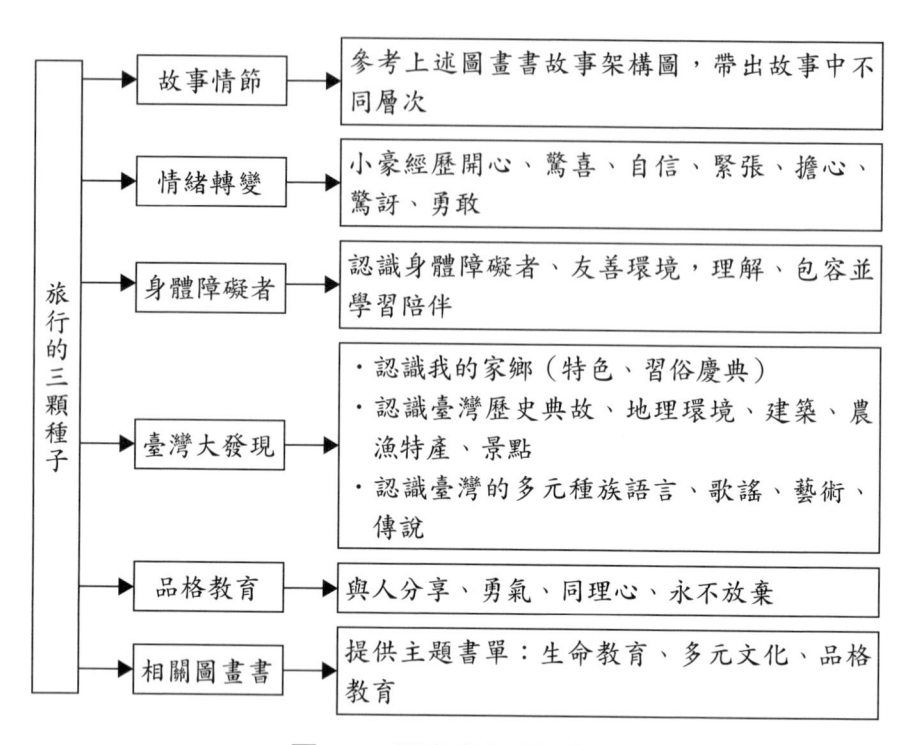

旅行的三顆種子
- 故事情節 → 參考上述圖畫書故事架構圖，帶出故事中不同層次
- 情緒轉變 → 小豪經歷開心、驚喜、自信、緊張、擔心、驚訝、勇敢
- 身體障礙者 → 認識身體障礙者、友善環境，理解、包容並學習陪伴
- 臺灣大發現 →
  ・認識我的家鄉（特色、習俗慶典）
  ・認識臺灣歷史典故、地理環境、建築、農漁特產、景點
  ・認識臺灣的多元種族語言、歌謠、藝術、傳說
- 品格教育 → 與人分享、勇氣、同理心、永不放棄
- 相關圖畫書 → 提供主題書單：生命教育、多元文化、品格教育

圖 7-5 ▪ 圖畫書主題概念網

CHAPTER 7 運用圖畫書進行主題教學

六、學習區規劃

表 7-2 ▪ 幼兒園課室學習區規劃表

學習區	教學資源	可能的學習方向	引導重點／教學活動
語文區	與主題相關圖畫書、照片影片、多元種族語言童謠 CD、兒歌／童詩海報、棒偶、偶臺、製作圖書工具／材料	語-1-4 語-1-5 語-2-3 認-1-3	• 引導幼兒閱讀相關圖畫書 • 分享旅行經驗，鼓勵以圖像記錄出遊經驗／製作小書 • 唸唱兒歌／童謠、改編創作童詩 • 說演臺灣旅遊記
美勞區	各種紙材、創作工具、空白明信片、繪畫工具、臺灣各地人文藝術圖片	美-2-2 美-3-2 身-2-2	• 引導幼兒利用各種素材進行與臺灣圖形的創作 • 鑑賞臺灣各地人文特色
扮演區	旅行相關物品（帳篷、背包、地圖、帽子……）、家鄉歷史典故相關道具、多元族群服飾、配件、圖片	語-2-2 社-1-6 社-3-3	• 體驗火車旅行的角色扮演 • 認識多元族群的服飾生活 • 經由扮演活動增加不同體驗
數學區	臺灣拼圖、七巧板、六型六色、臺灣大富翁桌遊、交通工具圖卡	認-1-3 認-2-3	• 引導幼兒認識臺灣縣市分布 • 不同的交通工具分類，並製成圖表
積木區	積木、模型人物或物件	身-2-2 美-2-2	• 火車站與周遭交通路線建構、運用相關配件模型與積木進行創作 • 加入各式材料，搭建出遊情境，鼓勵以模型人物或物件做扮演

229

七、圖畫書主題教學活動設計

● 活動：聽一聽故事

班級	大班	設計者	張純子
幼兒年齡	五至六歲	班級人數	24
主題名稱	旅行的三顆種子	領域	語文、情緒、美感
課程目標	情-1-2 覺察與辨識生活環境中他人和擬人化物件的情緒 美-1-1 體驗生活環境中愉悅的美感經驗 語-2-2 以口語參與互動			
活動內容與學習指標			
活動過程	教學資源	學習指標	
一、引起動機 老師展示《旅行的三顆種子》圖畫書封面、蝴蝶頁及書名頁與幼兒進行討論。 二、發展活動 1. 講述故事，並依照圖畫書內容討論故事（主角為何會害怕去旅行？主角如何獲得三顆種子？主角去過什麼景點？你最喜歡哪一個？）。 2. 教師引導幼兒感受圖畫書插圖與文字的連結。 3. 帶領幼兒從圖畫書中認識臺灣的景點，分組選擇一處喜歡的地點進行編創旅遊小詩。 三、綜合活動 分享與鑑賞各組完成的「旅遊小詩」，亦可進行錄音完成有聲書錄製。	旅行的三顆種子 臺灣123 壁報紙、繪畫工具	語-大-2-2-3 在團體互動情境中參與討論 情-大-1-2-2 辨識各種文本中主角的情緒 美-大-1-1-1 探索生活環境中事物的美，體驗各種美感經驗	

八、幼兒學習評量（以上述的一個活動設計為例）

主題教學評量表

班級：

姓名：

核心素養	評量項目	教師評量		
		已發展	發展中	尚未發展
覺知辨識	能覺察自己和他人特徵及興趣，並能比較異同。			
表達溝通	能運用口語表達想法和情感。			
	能運用圖像符號表達想法或情感。			
關懷合作	能與他人合作完成工作或解決問題。			
推理賞析	能欣賞及回應自己和他人表現。			
想像創造	能進行敘事文本的想像創作。			
自主管理	能察覺危險，維護安全。			

資料來源：廖鳳瑞、張靜文（2023）。

透過上述教學活動設計的範例，把一本「圖畫書」當成一個主題（看圖畫書、聽故事）的概念下，透過圖畫書閱讀歷程，探索圖畫書情節脈絡及角色特質，由此故事的「主題」概念引導幼兒進入學習重點，進而可發展出屬於自己身處的在地文化，設計每一個班級、校園、社區、城市不同的課程風貌，期待這樣的「圖畫書主題教學活動設計」，如同本章介紹的《旅行的三顆種子》，猶如送給讀者一顆種子，開啟對圖畫書教學的另一視野。

第三節 STEAM 教育融入圖畫書教學的應用

近年來，全球教育界高度重視 21 世紀核心素養的培養，特別是在學前教育階段，更強調幼兒跨領域整合與創新思維能力的養成（NIEER, 2019）。教育部（2014）將核心素養定義為個體為適應當前生活及未來挑戰，所應具備的知識、技能與態度。湯維玲（2019）指出，未來教育不僅侷限於單一領域，而應強調跨域整合學習，旨在解決真實生活中的問題，激發創意與想像力，充分發揮兒童的潛能。

在此趨勢下，結合科學（Science）、科技（Technology）、工程（Engineering）、藝術（Arts）與數學（Mathematics）的 STEAM 教育模式，逐漸成為幼兒教育課程設計的重要方向。相關研究指出，STEAM 教育能有效激發幼兒的探索精神、問題解決能力及創意思維（任婉毓，2018；Yakman & Lee, 2012）。因此，核心的跨領域整合學習將成為未來教育發展的新主流。

圖畫書歷來是幼兒語文教育的重要媒介，其鮮明的圖像與敘事結構，不僅能促進幼兒語言理解能力與情感共鳴，亦提供具象化的學習情境，進而引導幼兒進行認知延伸與經驗連結（林慧娟、周婉湘，2012；Miller & Almon, 2009）。本節將探討如何在幼兒圖畫書教學中融入 STEAM 教學策略，期望建立一套創新的幼兒圖畫書教學模式。

壹、STEAM 幼兒教育的發展脈絡

在 STEAM 教育的核心理念中，強調的是以真實世界的問題情境作為學習的起點，透過工程設計思維，引導幼兒經歷觀察、規劃、實作與

反思等歷程，進行具體創作與問題解決。其概念源自 STEM 教育，主張整合科學探究、數學思維、技術應用與工程實踐，強調動手操作與跨領域統整，逐漸發展為更重視藝術與創意表達的 STEAM 模式（Almeda & Baker, 2020; Beers, 2011）。相關研究指出，當學習活動貼近幼兒日常經驗，並透過不斷嘗試與修正的過程完成具體作品，不僅能提升幼兒的學習動機與參與度，也有助於抽象概念的理解與應用（Gerosa et al., 2022）。在臺灣的教育現場，周淑惠（2018a、2018b、2019、2020）則透過實地研究與教案開發，持續推動 STEAM 理念在幼兒園課程在地化實踐，顯示其在課程統整與能力導向學習中的發展潛力與成效。

如林品瑄（2023）所述，若將 STEAM 理念融入「幼兒園教保活動課程」，不僅有助於師資的系統化養成與教學實施，也可促進課綱法規與現場實務間的整合。在此脈絡下，參考本土化教案設計策略如《幼兒 STEAM 教育活動設計》（陳雅鈴、黃麗鳳、蔡淳如主編，2022），可有效提升教師專業知能，並在科學探究、工程製作、科技應用與藝術創作中，促進幼兒跨領域學習與學習成效之提升。如表 7-3 呈現：

貳、圖畫書融入 STEAM 的教學策略

圖畫書之圖文整合特性，能有效提升幼兒的語言表達、敘事能力及推論思考，同時為早期閱讀與跨學科學習建立堅實的橋梁（Aram & Aviram, 2009；張興利、李宜遜、邱智敏，2025）。若能以圖畫書為切入點，設計引導幼兒進行觀察、提問、實驗及創作的 STEAM 活動，不僅能增進學習動機，也能將抽象的科學與數學概念具象化，切合幼兒以故事與遊戲為本的學習特性（陳怡君、李柔靜，2021；Trundle & Saçkes, 2015）。筆者運用「圖畫書 STEM 教學模式」，舉出兩本圖畫

表 7-3 ▪ STEAM 教育的定義、增進方式

元素	教育定義	增進方式（適用幼兒園）
S 科學（Science）	引導幼兒觀察、提問與探索自然現象，培養好奇心與探究精神。	觀察動植物、生長記錄、水的變化實驗、磁鐵遊戲。
T 科技（Technology）	鼓勵幼兒認識與操作簡單的科技工具，了解科技在生活中的應用。	使用放大鏡、溫度計、平板操作繪圖 App、觀察電子玩具。
E 工程（Engineering）	提供問題解決與動手建構的經驗，培養邏輯與創造能力。	用積木搭橋、建屋子、軌道，解決「怎麼讓球滾得更遠？」等挑戰。
A 藝術（Art）	透過創作與表達，發展美感與想像力，連結多元感官經驗。	繪畫、黏土、拼貼、音樂律動、故事創作等藝術活動。
M 數學（Mathematics）	藉由數量、形狀、空間與邏輯概念的建立，發展數學與推理能力。	數數、配對、分類、排序、圖形、拼圖、測量與比較活動。

資料來源：筆者自行整理。

書為例：

一、探究導向與情境化的活動設計

（一）主題名稱：魚你一起玩 STEAM

講述《閃電魚尼克》故事後，幼兒對養魚產生興趣，教師可依此設計 STEAM 教學活動。

（二）對應 STEAM 元素

科學（S）：觀察魚群如何移動、水流如何影響游動路徑。

工程（E）：模擬魚缸設計時，排列裝飾與隔間，測試不同配置對

水流與魚游動的影響。

　　藝術（A）：以水彩或拼貼方式再現魚的美麗群體，培養空間美感。

　　數學（M）：計算魚缸中空間比例、魚的大小與群體分布。

　　科技（T）：可加入數位水流模擬或風扇吹波動演示，提升科技操作體驗。

（三）幼兒學習概念

1. 了解魚類的基本特徵與生活習性。
2. 認識水族環境的基本需求與維護方式。
3. 學習觀察與記錄魚的行為與變化。
4. 透過模型設計思考魚缸的空間配置與功能。
5. 體驗工程設計與解決問題的過程。
6. 運用數學概念理解數量與空間。
7. 如餵食份量、水的高度、魚的數量、缸內物件的大小與距離。
8. 發展科學探究精神與尊重生命的態度。

（四）圖畫書的 STEAM 學習活動

表 7-4 ■ 探究導向與情境化活動設計

STEAM	學習活動	相關圖畫書
S	1. 觀察魚的外型與生活習性 2. 測量與記錄水溫變化	1. 閃電魚尼克 2. 小魚散步去
T	1. 使用數位溫度計、氣泡機等工具認識水族科技設備 2. 錄製魚的活動影片	1. STEAM 全知識翻翻書：逛逛水族館 2. 小白魚的海底世界

（續下頁）

STEAM	學習活動	相關圖畫書
E	1. 製作迷你魚缸模型並設計結構 2. 測試不同魚缸設計的水流效果	1. 小墨魚 2. 小金魚逃走了
A	1. 創作立體魚缸或黏土魚兒作品 2. 彩繪海底世界風景畫	1. 彩虹魚 2. 艾瑪畫畫
M	1. 計算魚的數量與大小排序 2. 測量魚缸水位與餵食份量	1. 歡樂海底 PARTY 2. 魔法飲料

資料來源：筆者自行整理。

對照周淑惠（2020）與杜凌慧（2022）的研究指出，圖畫書作為幼兒熟悉的文本形式，不僅能融入 STEAM 概念進行操作性學習，亦能成為教師設計「問題情境」與「概念性遊戲」的教學工具，協助幼兒將日常經驗與學科知識相連結，進而發展統整性的 STEAM 能力。本節將依此基礎，探討如何以圖畫書為媒介，設計具操作性與概念深度的 STEAM 活動，以提升幼兒的跨領域理解與學科整合力。

二、問題導向與設計思考的活動設計

Purdue University 所發展的「圖畫書 STEM 教學模式」，以圖畫書情節作為工程挑戰的起點，引導幼兒依據「定義問題→蒐集知識→設計→測試→修正」的工程設計流程，進而展開一系列解決任務的教學活動（Tank et al., 2023）。此模式結合敘事與實作，透過故事引發孩子的問題意識，再由設計實踐具體驗證與反思，有效提升幼兒運用 STEAM 概念進行探究與創造整合能力。教學活動設計示例：

CHAPTER 7
運用圖畫書進行主題教學

（一）**圖畫書**：《三隻小豬》

（二）**主題名稱**：小豬的 STEAM 探險趣

（三）**內容提要**

三隻小豬離開媽媽，決定自己蓋房子，各自分別用稻草、木頭和磚頭蓋屋，抵抗大野狼的攻擊，最後磚造屋成功保護了牠們。

（四）**設計理念**

透過圖畫書《三隻小豬》的故事情境，引導幼兒進入熟悉且具挑戰性的情境脈絡，運用工程設計流程（如定義問題、規劃建材、設計結構、測試強度等），結合科學、數學、技術與藝術元素，發展幼兒解決問題的能力與跨領域統整思考能力。

（五）**主題概念**

結構強度、風力影響、建築材料選擇、工程設計流程。

（六）**對應 STEAM 元素**

- 科學 S（Science）：風力與結構穩固性的關係。
- 科技 T（Technology）：使用簡易工具製作模型。
- 工程 E（Engineering）：模擬建造不同材質的房子。
- 藝術 A（Art）：創意構思與房屋外觀設計。
- 數學 M（Math）：比較高度、寬度、材料數量。

（七）圖畫書的 STEAM 學習活動

表 7-5 ▪ 問題導向與設計思考活動設計

教學流程階段	活動內容設計	課程目標
1. 定義問題	• 閱讀故事內容，大野狼吹倒房子的情節後，討論：「三隻小豬為什麼只有磚房沒被吹倒？」 • 引導提出工程問題：「我們能不能幫小豬設計出更堅固的房子？」	語-2-6 回應敘事文本
2. 蒐集知識	• 探討不同素材的特性：吸水性、重量、堅固度（稻草、木棒、積木、塑膠、黏土等） • 操作風扇模擬風力，觀察哪些素材容易倒塌。 • 認識「基座寬」、「結構形狀」與「重心」等簡單工程概念。	認-2-3 整理文化產物訊息間的關係
3. 設計方案	• 幼兒小組討論、繪製設計圖，規劃自己的防風房子（素材、結構、裝飾品等）。 • 教師提供多樣素材讓幼兒選擇使用。	美-2-2 運用各種形式的藝術媒介進行創作
4. 製作與測試	• 小組幼兒開始實際動手建造模型房屋 • 製作房屋後，使用電風扇模擬「大野狼的吹氣」，覺察建築物能否抵擋風力？	身-3-2 樂於善用各種素材及器材進行創作活動
5. 修正與改進	• 失敗的小組幼兒思考討論改進方式，例如：加厚牆面、加強屋頂重量、改變材料或調整支撐點位置等，再次組裝並測試。	認-3-1 與他人合作解決生活環境中的問題
6. 分享與延伸	• 小組幼兒展示房子與設計圖，說明建造過程與發現。 • 延伸活動：設計「防水房子」或「防震房子」等挑戰任務。	語-2-3 敘說生活經驗

CHAPTER 7
運用圖畫書進行主題教學

結合圖畫書與工程設計流程的教學設計，體現了 Engineering Design-Based Learning with Picture Books 的核心理念。相關實證研究指出，透過閱讀圖畫書並搭配工程設計流程包括：問題定義、知識蒐集、設計、測試與修正等步驟，幼兒能在探究任務中有效提升問題解決能力與跨領域統整能力（任婉毓，2023；Deniz, Kaya, & Yesilyurt, 2021）。

參、教學流程

為促進幼兒在統整主題課程中的主動學習與問題解決能力，教師可運用圖畫書作為媒介，結合 STEAM 教育理念，實施探究導向的教學策略。以下為以圖畫書為核心之 STEAM 教學模式之八項教學流程：

一、選擇圖畫書

以一本圖畫書作為主題的起點，主題可來自幼兒的生活經驗、學習興趣、課程規劃、社會事件或節慶活動等。所選擇的圖畫書，須具備明確的故事脈絡與豐富的學習意涵，能自然融入 STEAM 各領域元素，引導幼兒進行跨領域思考與問題解決。

二、擬定教學目標

針對所選圖畫書擬定主題概念，並對照 STEAM 各領域的核心素養與學習內容，設定具體可行的教學目標。此模式融合繪本敘事特性、工程設計流程及幼兒主動探究的精神，有助於培養幼兒統整思考與創新實作的能力。

三、設計教學活動

教師需善於從圖畫書內容中辨識可延伸發展之教學元素，設計涵蓋科學觀察、數學操作、工程建構、藝術表達及科技應用等活動內容。透過活動設計激發幼兒探究動機與創意思維，達成跨領域學習目標。

四、準備教材資源

依據課程設計整合觀點，蒐集並準備豐富且具操作性的教學資源。提供多元感官與經驗材料，支持幼兒進行多樣化學習活動，並促進其主動參與及探究。

五、安排教學流程及時間

教學流程應具彈性與層次性，配合主題需求與幼兒特性，靈活運用團體、小組與個別教學形式。結合多元教學策略，使幼兒在各領域學習中獲得充分的發展與支持。

六、多元評量模式

鑒於 STEAM 活動特性具有開放性與創造性，教師應跳脫傳統單一標準答案的評量方式，轉而採取多元評量策略，關注幼兒學習歷程中的觀察、參與、合作與創作表現，重視其個別差異與潛能展現。

七、實施教學

依教學計畫進行教學活動，並依據幼兒的實際興趣與學習反應，彈性調整教學步調與內容。教師在引導中扮演促進者的角色，協助幼兒建構知識與統整經驗。

八、評量教學

教學結束後,進行全方位評估,包括學生學習成果、學習歷程之觀察記錄,以及教學成效之反思與改進。透過教學評量,提升教師專業教學品質,並作為後續教案修正與課程優化之依據。

肆、實際教學範例

將圖畫書作為 STEAM 教育的切入點,已成為近年幼兒課程設計中兼具創新性與可行性的策略。圖畫書的故事性、情境性與圖像特質,不僅能有效喚起幼兒興趣,激發其主動學習動機;更透過與 STEAM 的探究與操作活動結合,形成以敘事為核心、探究為途徑的整合式學習模式(任婉毓,2018;張惠蘭,2019;Wright & Gotwals, 2017)。筆者於「STEAM 取向圖畫書課程與教學設計」,以圖畫書設計《月亮忘記了》為例:

STEAM 取向圖畫書課程與教學設計

設計者：張純子

一、圖畫書簡介

書名	月亮忘記了	主題	自然與科學、生活科技、藝術與創作、文化與社會
文字作者	幾米	圖畫作者	幾米
出版社	大塊文化	適用對象	中班／4～5歲

內容提要（請簡要說明本書內容大意）

描述月亮從天空掉下來後，忘記自己是誰，一個男孩發現了月亮並與其建立深厚友誼的故事。全書用圖像和簡潔文字講述孤單、希望與陪伴的主題。

二、設計理念

（請說明你為何要選這本圖畫書，及你預想達成的目標）

從故事情節中描述月亮從天上掉下來、失去記憶，並與男孩展開一段療癒旅程的故事。故事融合「天文現象」、「情感陪伴」、「想像與真實」等元素，一方面適合作為幼兒跨領域學習的起點，再方面可結合「中秋節」傳統節慶議題，進行探究與創作表達。

三、課程架構（請寫出活動名稱）

領域	學習概念	教學活動
S（科學）	認識月亮的變化、光線與影子	1. 月亮在哪裡？ 2. 光與影的探索
T（科技）	使用簡易工具觀察、記錄與呈現	1. 數位觀察記錄 2. 光和影的魔法
E（工程）	設計並動手以解決問題	1. 製作月亮燈 2. 幫月亮蓋房子

（續下頁）

領域	學習概念	教學活動
A（藝術）	表達情感與想像力，學習視覺表現	1. 月亮心情畫 2. 圖像故事創作
M（數學）	認識形狀、時間與順序概念	1. 月亮變化排序卡 2. 記錄不一樣的月亮

四、教學設計

活動名稱	教學目標	活動內容	評量方式	教學資源
月亮在哪裡？(S)	1. 觀察認識月亮形狀與變化。 2. 透過燈光模擬，了解光源與影子間的關係。 3. 運用語言表達觀察的月亮樣貌。	1. 教師用圖卡或影片介紹月亮的不同形狀。 2. 與孩子一起觀察實際的夜空。 3. 模擬月亮變化。 4. 討論與分享。	圖卡配對、觀察、討論與紀錄、經驗圖表、教師觀察紀錄	圓形球體、手電筒、月亮形狀圖卡、黑卡紙、白色圓形卡紙、小桌燈
光和影的魔法 (T)	1. 了解「光來自光源」的概念。 2. 觀察並描述光照射下產生的影子變化。 3. 透過操作模擬月亮的亮／暗的形成。 4. 探索自然現象的好奇與合作精神。	1. 引導認識光源。 2. 教師示範用手電筒照圓球，模擬光照月亮的過程。 3. 畫出「我看到的亮面與影子」。 4. 分享操作過程與觀察心得。	口頭問答、操作觀察、圖片辨識活動、操作觀察紀錄表、討論分享、繪畫作品	手電筒、桌燈、太陽圖卡

（續下頁）

活動名稱	教學目標	活動內容	評量方式	教學資源
幫月亮蓋房子 (E)	1. 設計並建造一個「適合月亮」住的房子。 2. 使用不同素材學習建築結構概念。 3. 小組合作討論與分工，共同完成任務。	1. 請孩子回想故事中「月亮掉下來後住在哪裡？」 2. 引導：「如果我要幫月亮蓋一間溫暖又安全的家，會是什麼樣子？」	設計圖觀察與分享、操作過程紀錄、人際互動與回饋	積木、紙杯、吸管、紙箱、黏土、膠帶
月亮的心情畫 (A)	1. 觀察並模仿幾米風格進行圖像創作。 2. 使用顏色與線條表達月亮的情緒。 3. 分享作品內容與想法。 4. 培養美感、創意與自我表現能力。	1. 欣賞書中插圖，引導觀察：月亮的表情？顏色的情緒？畫面氛圍？ 2. 選擇喜歡的材料，創作／分享「有心情的月亮」。	觀察作品表現、教師觀察製作過程、口語分享紀錄	粉蠟筆、水彩、黏土、拼貼……鬆散素材
記錄不一樣的月亮 (M)	1. 能記錄每日所見月亮並用圖表呈現。 2. 能認識與比較連續資料與數據。	1. 每天傍晚觀察天空，每日貼一個代表圖示（● / ● / ☽ / ●）在對應格子中。 2. 一週後，引導幼兒將紀錄轉換成「長條圖」。 3. 問題思考與分享：「哪天看到最多？沒看到？」	觀察紀錄、口語提問與分享、成果作品	月亮觀察學習單、貼紙、印章、圖表紙

244

五、幼兒學習評量表（以六大核心素養為導向）

班級：
姓名：

核心素養	評量面向	評量指標	教師評量		
			已發展	發展中	尚未發展
覺知辨識	感知自然與生活現象	能觀察月亮變化、分辨不同形狀與亮暗			
表達溝通	口語與圖像表達	能用語言或繪畫表達觀察結果或創作內容			
關懷合作	團隊參與與關懷態度	能與同伴協力完成建構或操作任務，展現合作態度			
推理賞析	數據比較與邏輯觀察	能整理月亮觀察紀錄嘗試排序與圖表理解			
想像創造	創作與藝術表現	能表現個人情感與想像力，創作具個人特色的作品			
自主管理	操作與學習態度	能主動完成學習任務，照顧工具並有秩序地參與活動			

第四節 感官探索應用圖畫書教學活動設計

　　閱讀是一種從文字當中獲致意義的過程，其過程主要包括：解碼和理解兩部分，在日常生活中，閱讀是適應生活的重要能力，更是接觸其他知識和學科的必要條件。因此，如何幫助幼兒從小培養良好的閱讀力，適應多元化的生活，便成為家庭和教育的重要目的。感官是對外接

收訊息最直接的工具，透過五感認知外界的脈動，也藉由五感豐厚生命的體驗，在搜尋中學習分辨，將感受加以分類、註解，蒐集各種資訊在直覺中運用感官去感覺和感受；和數學、語文、美感等進行交流並加以運用。

壹、感官的運用

透過視覺、聽覺、嗅覺、動覺、觸覺等各種身體感官來進行學習固然有其效益，但若是過度或不適當的刺激反而會影響學習，分散學習者的注意力，造成適得其反；因此，教師在安排多重感官教學情境時，應減少不必要的視覺、聽覺等各種刺激，同時也必須配合幼兒的基本能力和學習狀況，找出其優勢學習管道，安排適性的教學活動，如此方能有效達到教學的目的。

一、視覺

視覺感官的啟發主要以能讓孩子透過雙眼接收到如：物體形狀、大小、色彩差異、文字變化等諸多資訊，以此增加他們對不同事物的認知。因此孩子可透過陪讀故事圖畫書，刺激孩子的視聽感官。例如：藉由圖畫書上的圖案、文字以及成人生動的描述，提升孩子的視覺辨識能力；培養孩子想像力和語言學習能力。

二、觸覺

觸覺感官能使我們感知到不同事物的狀態，比如：溫濕度、痛覺、軟硬等觸覺刺激。而觸覺能透過神經的傳導，讓孩子最直接的感受到事物的變化。想要強化孩子的觸覺感官認知，建議多讓孩子發揮創意，自

CHAPTER 7
運用圖畫書進行主題教學

由塗鴉，嘗試畫出不同形狀、線條，加強孩子對書寫的使用掌握程度。例如：藉由觸覺圖畫書，讓幼兒用手觸摸，感受皮膚接觸粗細、軟硬、冷熱等的觸感，透過手部肌肉實際的操作練習，讓孩子能增強手眼協調的能力。

三、嗅覺

嗅覺感官的啟發，主要在於能察覺並有效掌握空氣中的氣味分子，幫助孩子去辨別不同的氣味。如果想提升孩子的嗅覺靈敏度，教師可以帶孩子多親近大自然，接觸花草樹木，感受樹葉、泥土、花香等芬芳，這不僅能刺激大腦皮質，還能活化海馬迴與相關神經系統，強化孩子的記憶力，穩定孩子的情緒。例如：帶領幼兒聞花香、香水、香皂、食物的氣味；反之，臭的臭豆腐……的氣味。透過氣味圖畫書及實物的引導，有助於提升嗅覺靈敏度及對環境判斷的敏銳度。

四、聽覺

聽覺感官的啟發，主要在於能幫助孩子有效接收語言、音色、音高等資訊，並且隨著時間推移以達到學習量的增加，孩子也能更加正確的理解接收到的資訊。例如：透過不同類型的音樂欣賞及接觸不同樂器，能緩和孩子的情緒及提升手眼協調能力。也可以多讀圖畫書給幼兒聽、玩配對圖卡遊戲，這些均能強化並提升孩子的聽覺能力、語文及認知目的。

五、味覺

味覺感官從孩子出生起就已幾乎發展完全，味覺感官能幫我們有效辨別酸、甜、苦、辣、鹹等不同滋味。教學上可以安排給孩子嘗一嘗甜

的、酸的、鹹的天然的飲料，並在教學過程中，使用一定的語言進行強化。例如：透過自己動手做料理去認識各種食物及味道。

六、動覺

動覺指的是運動身體的能力，可以精確掌握身體動作，發展出良好的動作協調性，在動作中同時啟發孩子五感，除了促進大腦發育之外，同時也能訓練手眼協調能力與大小肌肉的發展，因為感官體驗能讓孩子透過最直接的經歷，加強對自身五感的感受。例如：大肌肉出汗活動、體能活動、音樂律動、模仿扮演……。

貳、感官活動與提問方向

五感包括了「視覺、聽覺、嗅覺、味覺、觸覺」，學齡前的孩子大量倚賴「感官」來認識周遭事物，甚至年幼孩子抓起東西就往嘴裡送，藉此來探索整個世界。各種腦科學研究顯示，在嬰幼兒期間給予孩子多種感官體驗與不同環境的刺激，將能大幅增進孩子大腦突觸連結、激發學習動機和累積學習成效。簡而言之，透過圖畫書作為媒介，給予孩子多元感官體驗的機會來增強能力。

參、實際教學範例

以《這是誰的腳踏車》為例：

一、書籍簡介

小男孩在寬廣的草地上騎車，騎著～騎著～，前方突然出現一輛造

型奇特的腳踏車。小男孩好奇的問：「這一輛腳踏車是誰的？」透過造型各異的腳踏車和讀者大玩猜猜看的遊戲，在不斷重複的問答中，營造出此書特有的趣味及幽默感。

二、圖畫書故事概念圖

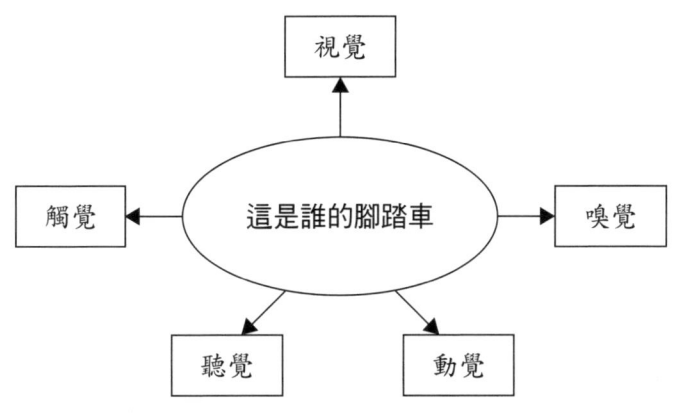

圖 7-6 ■ 圖畫書故事概念圖

三、對話式提問

（一）視覺

　　仔細看一看，你看到什麼？他是誰？他在做什麼？他穿著什麼樣子的衣服？腳踏車長什麼樣子？還有呢？腳踏車是什麼顏色的？和什麼顏色很像呢？你喜歡這一張圖畫嗎？為什麼呢？

（二）觸覺

　　帶幼兒實際去摸一摸腳踏車，手把、坐墊、腳踏車骨架……，摸摸看，這是什麼做的？摸起來是什麼感覺？有沒有和你摸過的什麼東西很像呢？

（三）嗅覺

　　吸氣聞一聞，說一說你騎腳踏車時會聞到什麼樣的氣味呢？那麼，如果是其他的交通工具又會是什麼氣味呢？

（四）聽覺

　　手按手把「鈴鈴鈴」，請聽聽看，這是什麼聲音呢？只有這一種聲音嗎？跟其他交通工具的聲音有何不同呢？

（五）動覺

　　我們可以如何一起用手做出腳踏車輪子的樣子呢？輪子做好了，那麼接下來還要做什麼，才能是一輛腳踏車呢？

肆、推薦的感官圖畫書

　　筆者曾經在帶圖畫書應用多感官的活動設計時，先讓學生進行感官體驗，閉上眼睛，分享他們聽到哪些聲音、聞到哪些氣味。例如：有學生聞到麻辣粉的味道，會分享吃過的麻辣鍋、泡麵等經驗。透過多元的感官體驗，讓他們意識到五感的重要性，以下運用圖畫書發展感官的教學活動（如表7-6）。

CHAPTER 7
運用圖畫書進行主題教學

表 7-6 ▪ 幼兒感官的圖畫書介紹

書名	概念	故事簡介
白雲麵包	視覺 嗅覺 味覺	天上的一朵小白雲卡在樹枝上了，小貓和弟弟將白雲帶回家，媽媽將白雲做成麵包，吃下白雲麵包後，會發生什麼有趣的事呢？透過本則故事讓孩子練習<u>視覺及嗅覺、味覺描述</u>。
找尋自己的聲音	聽覺	哈洛德是隻住在公寓裡天賦異稟的鸚鵡，任何聲音他一聽就能夠模仿，他可以完美的<u>模仿家中所有器具的聲音</u>……。直到有一天，哈洛德不想再模仿了，他想看看外面的世界，<u>聽聽未曾聽過的聲音</u>。
酷比的博物館	視覺 觸覺 動覺	酷比是一個超愛收集各種東西的木頭小男孩，他把收集到的東西一樣樣攤開，<u>整理、分類、做名牌</u>，但東西真的太多了！於是，酷比和奶奶商量，決定開一間博物館，把所有東西都展示出來，讓大家來參觀！
風是什麼顏色？	五感	一位眼睛看不見的小小巨人，他很疑惑「風是什麼顏色？」為了找到解答，他向路上遇到的對象一一提問，隨著小巨人追風的腳步，必須以<u>眼、耳、鼻、手、心去細細領略</u>。
公園裡有一首詩	視覺	透過小男孩的<u>眼睛</u>，你會看見松鼠明亮的眼睛是杏仁的形狀，清涼的水池映照著斑斕的光影，以及一棵樹的葉子如何構成一幅風景。

資料來源：筆者自行整理。

　　因此，圖畫書也能應用多感官的活動設計，不僅一般孩童能有多感官的學習或體驗，也可以讓視障、聽障等身障孩童學習。

結語

　　本章從「主題教學」的概念，引導幼兒針對某一核心概念（主題／圖畫書）來進行探究的教學方式。筆者在大專院校實施運用圖畫書教學活動設計時發現，圖畫書適合融入不同領域的教學，因為在帶領幼兒閱讀圖畫書時，不僅可以啟蒙語文能力、統整生活經驗與滿足發展需求；進而至語文區進行有意義的聽說讀寫演活動。

　　在此要提醒讀者，未來在使用圖畫書主題教學時，必須先了解幼兒身處的情境脈絡，再依照課程目標規劃學習活動，最後挑選幼兒喜愛及適合的圖畫書，並於熟讀圖畫書之後方能進行教學，以提高幼兒參與課程的興趣。另外，教學中除了主題圖畫書導讀和圖畫預測外，還可以結合教學資源，在圖畫書教學中安排與故事情境相關的動靜態活動、音樂遊戲等相關延伸活動；並能從故事情節的討論與分享中促進不同教育主題（如：生命教育、多元文化教育、性教育、品格教育、環境教育等）的發展能力。

課後作業／問題討論

1. 主題教學應用圖畫書的實施策略有哪幾項？請舉例說明。
2. 以分組方式，選擇一本圖畫書，運用下表分析不同的教學層次，並嘗試設計可能的教學活動。

主題名稱：				
層次	教學目標／內容	插畫	提問	設計可能的教學活動

CHAPTER 7
運用圖畫書進行主題教學

3. 以小組專題方式，參考第三節「STEAM 取向圖畫書課程與教學設計」範例，完成教案／實際教學演練。
4. 引用《媽媽買綠豆》圖畫書，練習設計引導幼兒感官探索的活動和問題。

感官	提問方向	感官活動
視覺		
觸覺		
嗅覺		
聽覺		
味覺		
動覺		

參考文獻

中文部分

王嘉勤（2013）。幼兒園繪本教學之行動研究——以主題教學為例〔未出版之碩士論文〕。國立新竹教育大學。

世一文化編輯部（2019）。教學錦囊。世一文化。

任婉毓（2018）。幼兒繪本實現 STEAM 教育之探究〔未出版之碩士論文〕。國立清華大學。

江麗莉（2006）。繪我童年閱讀起飛：幼稚園繪本教學資源手冊。教育部。

余秀玲（2007）。家庭概念繪本應用於國小生活課程教學之行動研究〔未出版之碩士論文〕。國立台東大學。

李亞蒨（2008）。以圖畫書發展主題教學之音樂活動〔未出版之碩士論文〕。國立台南大學。

杜淩慧（2022）。幼兒園風帆車 STEAM 課程實施歷程之個案研究〔未出版之碩士論文〕。國立屏東大學。

沈怡伶（2007）。愛書人黃茉莉。載於吳淑玲（主編），繪本怎麼教？繪本創意與萌發（頁 49-96）。心理。

周淑惠（2006）。幼兒園課程與教學：探究取向之主題課程。心理。

周淑惠（2018a）。具 STEM 精神之幼兒探究課程紀實：「一起創建遊戲樂園」主題。心理。

周淑惠（2018b）。嬰幼兒 STEM 教育與教保實務。心理。

周淑惠（2019）。幼兒 STEM 教育之定位、實施與挑戰。載於張芬芬、謝金枝（主編），十二年國教 108 課綱實施與問題因應（頁 299-323）。五南。

周淑惠（2020）。幼兒 STEM 教育：課程與教學指引。心理。

林品瑄（2023）。淺談台灣、美國——學齡前 STEAM 教育的比較。**台灣教育**，742，61-67。

林慧娟、周婉湘（2012）。沒有字怎麼讀？——幼兒閱讀無字圖畫書中之圖像語言。**當代教育研究季刊**，20（3），1-37。

孫雅慧（2020）。圖畫書教學對幼兒語言理解與情感共鳴之影響。**幼教研究年刊**，15，67-89。

張興利、李宜遜、邱智敏（2025）。繪本閱讀背景下幼兒敘事能力發展之個案追蹤研究。**香港教育研究學院學報（HKIER）**，1（53），51-72。

教育部國民及學前教育署（2014）。十二年國民基本教育課程綱要總綱。中華民國教育部。引自 https://www.k12ea.gov.tw/

陳怡君、李柔靜（2021）。透過繪本融入 STEAM 教學：幼兒科學與數學概念教案設計與實作。**幼兒教育研究**，39（2），97-120。

陳雅鈴、黃麗鳳、蔡淳如（主編）（2022）。幼兒 STEAM 教育活動設計。國立屏東大學出版中心。

傅麗珍（2024）。幼兒 STEAM 教師專業發展模式探究。**教育與心理**，12，112-138。

湯維玲（2019）。探究美國 STEM 與 STEAM 教育的發展。**課程與教學**，22（2），49-78。

廖鳳瑞、張靜文（2023）。幼兒園教保活動課程：幼兒學習評量手冊。教育部國民及學前教育署。

鄭博真（2008）。幼稚園主題課程和教學：融入多元智能設計和實施。華立。

Louise B. Cadwell（2000）。帶回瑞吉歐的教育經驗〔薛曉華譯〕。光佑。（原著出版年：1997）

英文部分

Almeda, M. V. Q., & Baker, R. S. (2020). Predicting student participation in STEM careers: The role of affect and engagement during middle school. *Journal of Educational Data Mining, 12*(2), 33-47.

Aram, D., & Aviram, S. (2009). Mothers' storybook reading and kindergartners' socioemotional and literacy development. *Reading Psychology, 30*(2), 175-194.

Baker, R. (2020). *Breaking down STEAM for young children*. NAEYC.

Beers, S. Z. (2011). STEM, STEM education, STEMmania. *Technology and Engineering Teacher, 70*(6), 30-33.

Deniz, H., Kaya, E., & Yesilyurt, E. (2021). Teaching nature of engineering with picture books. *Science & Children, 58*(3), 83-89.

Friedman-Krauss, A. H., Barnett, W. S., Garver, K. A., Hodges, K. S., Weisenfeld, G. G., & Gardiner, B. A. (2019). *The state of preschool yearbook 2019*. National Institute for Early Education Research.

Frontiers in Education. (2022). Editorial: New and emerging technologies for STEAM teaching and learning. *Frontiers in Education, 7*, Article 971287.

Gerosa, S., Ferri, F., Grifoni, P., & D'Andrea, A. (2022). Educational robotics intervention to foster computational thinking in preschoolers: Effects on task engagement, distraction, and verbal participation. *Frontiers in Psychology, 13*, Article 1110476.

Miller, E., & Almon, J. (2009). *Crisis in the kindergarten: Why children need to play in school*. Alliance for Childhood.

Ng, W., Kewalramani, S., & Kidman, G. (2022). Integrating and navigating STEAM in early childhood education: An integrative review and future research agenda. *EURASIA Journal of Mathematics, Science and Technology Education, 18*(5), em2113.

NIEER. (2019). *Early childhood education: Three pathways to better health*. National Institute for Early Education Research.

Tank, K., Moore, T. J., & Pettis, C. D. (2013). The Picture STEM Project: A curricular approach using picture books to transform STEM learning in elementary classrooms. *ASEE Annual Conference Proceedings*.

Trundle, K. C., & Saçkes, M. (2015). *Research in early childhood science education*. Springer.

Wright, T. S., & Gotwals, A. W. (2017). Supporting kindergartners' science talk in the context of an integrated science and disciplinary literacy curriculum. *The Elementary School Journal, 117*(3), 513-537.

Yakman, G., & Lee, H. (2012). Exploring the exemplary STEAM education in the U.S. as a practical educational framework for Korea. *Journal of the Korean Association for Science Education, 32*(6), 1072-1086.

圖畫書參考書目

1 畫

書名	作者	繪者	譯者	出版日期	出版社
123 到台灣	陳盈帆	陳盈帆		2021/10/28	聯經
100 萬隻貓	汪達・佳谷	汪達・佳谷	林真美	2019/02/24	遠流
一片披薩一塊錢	郝廣才	朱里安諾		2021/04/01	格林文化
一個像海的地方	林柏廷	林柏廷		2020/07/29	遠流
STEAM 全知識翻翻書：逛逛水族館	Nick Wryno	Hui Skipp	蔡欣蓉	2022/11/1	幼福文化

2 畫

書名	作者	繪者	譯者	出版日期	出版社
Guji-Guji	陳致元	陳致元		2021/04/15	信誼
了不起的妳（二版）	瑪莉・霍夫曼	卡洛琳・賓區	幸佳慧	2017/09/16	小魯文化
十二生肖的故事	賴馬	賴馬		2017/01/04	親子天下
十四隻老鼠大搬家	岩村和朗	岩村和朗	漢聲雜誌	2015/07/01	英文漢聲

259

3畫

書名	作者	繪者	譯者	出版日期	出版社
小房子	維吉尼亞‧李‧巴頓	維吉尼亞‧李‧巴頓	林真美	1996/09/15	遠流
小種籽	艾瑞‧卡爾	艾瑞‧卡爾	蔣家語	2009/11/12	上誼文化
小傷疤	夏洛特‧孟莉克	奧利維耶‧塔列克	李旻諭	2013/05/06	聯經
小黑魚	李歐‧李奧尼	李歐‧李奧尼	彭懿	2010/01/01	南海
三個強盜	湯米‧溫格爾	湯米‧溫格爾	張劍鳴	2019/02/27	上誼文化
三隻小豬	王宇珊	波凡提妮		2016/12/26	格林文化
小手變變變	盧揚、波切拉	奧雷基亞	楊雲琦	2020/08/31	格林文化
小波在哪裡？	艾瑞克‧希爾	艾瑞克‧希爾		2008/03/17	上誼文化
小魚散步	陳致元	陳致元		2021/01/01	信誼基金
小蝌蚪茶茶	世一圖書出版中心	陳和凱		2014/04/07	世一
小雞逛超市（三版）	工藤紀子	工藤紀子	周佩穎	2021/11/01	小魯文化
小毛，不可以	大衛‧夏儂	大衛‧夏儂	歐陽菊映、黃鈺惠	2013/11/01	維京
小藍和小黃	李歐‧李奧尼	李歐‧李奧尼	楊玲玲、彭懿	2015/04/01	上誼文化
小金魚逃走了	五味太郎	五味太郎	信誼基金會出版社編輯部	2023/02/01	信誼基金
小鴨鴨去散步	吳敏而	林純純		2005/02/01	朗智思維科技

書名	作者	繪者	譯者	出版日期	出版社
小仙子和小魔女	唐土兒	邱千容		2014/09/01	愛智
小島上的貓頭鷹	何華仁	何華仁		2017/10/26	青林
小鼴鼠的鳥寶寶	瑪尤莉·紐曼	派克·賓森	黃迺毓	2007/11/01	上誼文化
大家來種樹	張涵易	陳維霖		2018/03/01	親親文化
小熊包力刷牙記	思維特拉納·泰瑞娜	思維特拉納·泰瑞娜	林芳萍	2001/01/21	上人文化
小白魚的海底世界	G. V. 傑納頓	G. V. 傑納頓	蘇家慧	2018/08/01	童夢館
三光旅人的時空札記	方念庭、楊馥宇	林震天等人	李芃莛	2023/03/01	也是文創
三隻小豬的真實故事	雍·薛斯卡	藍·史密斯	方素珍	1999/06/01	三之三
小兔彼得說故事劇場	碧雅翠絲·波特	碧雅翠絲·波特	林朱綺	1999/12/15	青林國際
小黑熊形狀遊戲書：圓形三角形正方形	柏原晃夫	柏原晃夫	上誼編輯部	2020/09/01	上誼文化

4 畫

書名	作者	繪者	譯者	出版日期	出版社
太吵啦	安·麥戈文	希姆斯·塔貝克	阿甲	2019/09/01	北京聯合
月亮，晚安	馬格麗特·懷茲·布朗	克雷門·赫德	黃迺毓	2021/06/01	上誼文化
月亮忘記了	幾米	幾米		2007/10/01（新版）	大塊文化

書名	作者	繪者	譯者	出版日期	出版社
丹丹的帽子	岩村和朗	岩村和朗	黃惠綺	2016/06/01	青林
什麼貓都有用	熊亮	熊亮		2011/12/14	龍圖騰文化
公園裡有一首詩	米夏·亞齊	米夏·亞齊	吳其鴻	2018/05/08	米奇巴克

5 畫

書名	作者	繪者	譯者	出版日期	出版社
白雲麵包（二版）	白希那	白希那	蘇懿禎	2018/02/01	維京
生氣王子	賴馬	賴馬		2015/05/05	親子天下
艾瑪畫畫	Wendy Kesselman	Barbara Cooney	柯倩華	2000/04/15	三之三文化
台灣地圖立體書	陳又凌	立體設計師鄭星慧、遊戲設計師蔡宗翰		2022/10/27	聯經
生日快樂波波熊	風車圖書編輯部	風車圖書編輯部		2014/06/13	風車圖書
叫醒布拉格	菅澤佳代	菅澤佳代		2007/05/25	三采文化
打瞌睡的房子	奧黛莉·伍德	奧黛莉·伍德	柯倩華	2003/05/01	上誼文化
可以一起玩嗎？	麥克·布朗羅	麥克·布朗羅	王欣榆	2019/02/01	格林文化
可以跟你做朋友嗎？	蘇菲·弗爾羅	朵樂蒂·德蒙弗里、索萊達·布拉沃	許若雲、賈翎君	2018/10/02	上誼文化
包姆與凱羅的天空之旅	島田由佳	島田由佳		2005/12/01	九童國際文化

書名	作者	繪者	譯者	出版日期	出版社
母雞蘿絲去散步	佩特・哈群斯	佩特・哈群斯	上誼編輯部	2016/05/05	上誼文化

6 畫

書名	作者	繪者	譯者	出版日期	出版社
竹林	芥川龍之介	芥川龍之介		1995/01/01	臺灣麥克
多元文化繪本東南亞篇	林秀兒	楊麗玲、賴馬		2017/12/01	新北市政府教育局
好朋友	羅倫・隆	羅倫・隆	郭恩惠	2011/01/10	小天下
好忙的蜘蛛	艾瑞・卡爾	艾瑞・卡爾	鄧美玲	1992/01/01	上誼文化
好吃的食物	Nathalie Choux	Nathalie Choux	賴美伶	2017/02/08	上人文化
好玩的東西	上誼編輯部	上誼編輯部		2008/09/15	上誼文化
好想吃榴槤	劉旭恭	劉旭恭		2021/05/01	信誼基金
好餓的毛毛蟲	艾瑞・卡爾	艾瑞・卡爾	鄭明進	1997/11/01	上誼文化
向世界打招呼（三版）	長新太	長新太	鄭如峰	2023/01/01	小魯文化

7 畫

書名	作者	繪者	譯者	出版日期	出版社
我……有夢	麥當諾	麥當諾	郝廣才	2021/09/27	格林文化
豆豆的家	廖健宏	廖健宏		2013/05/16	信誼基金
我會整理	華碩文化編輯部	華碩文化編輯部	Richard Powell	2023/05/01	華碩文化
冷靜一點！	上人文化編輯部	上人文化編輯部	賴惠鳳	2009/08/31	上人文化
我的小馬桶	愛羅娜・法蘭蔻	愛羅娜・法蘭蔻	林芳萍	2013/07/01	維京

書名	作者	繪者	譯者	出版日期	出版社
我的小雞雞（新版）	山本直英	佐藤真紀子	游蕾蕾	2018/05/01	維京
沒有人喜歡我	羅爾·克利尚尼茲	羅爾·克利尚尼茲	宋珮	2002/02/15	三之三
我的小小世界	潔哈丁·高蕾	塞巴斯汀·夏伯特	李毓真	2019/01/03	米奇巴克
我的魔法花園	凱文·漢克斯	凱文·漢克斯	李紫蓉	2016/06/01	維京
我撒了一個謊	麥嬌莉·韋曼·莎梅特	大衛·麥克費爾	漢聲雜誌	2013/01/15	英文漢聲
我想和你一起玩	Richard Powell	Ryan Ball、Emily Bolam	陳朝卿	2023/03/01	華碩文化
我最喜歡洗澡了	童公佳	童公佳		2005/04/01	東雨文化
找尋自己的聲音	寇特妮·迪克馬斯	寇特妮·迪克馬斯	李紫蓉	2022/02/01	維京
你是我最好的朋友	刀根里衣	刀根里衣	蘇懿禎	2017/06/26	青林
我的妹妹是跟屁蟲	王秋香	王秋香		2000/08/15	信誼基金
你看起來好像很好吃（二版）	宮西達也	宮西達也	邱瓊慧	2023/11/01	小魯文化
我不喜歡你這樣對我！	史蒂芬·柯洛	文生·阮	孔繁璐	2011/06/15	大穎文化
我變成一隻噴火龍了！	賴馬	賴馬		2016/01/26	親子天下
我和我家附近的野狗們	賴馬	賴馬		2016/07/01	信誼基金

圖畫書參考書目

書名	作者	繪者	譯者	出版日期	出版社
我們的星球！無可取代的地球	史塔奇・麥卡諾提	大衛・里奇斐德	銀河文化編輯部	2023/03/02	銀河文化
你可以說不：保護自己遠離傷害的繪本	貝蒂・博嘉荷多	河原麻里子	林佳慧	2017/05/17	小熊

8 畫

書名	作者	繪者	譯者	出版日期	出版社
帕西波的裁縫夢	依蓮・阿西諾特	芬妮	丁凡	2006/07/15	三之三
雨果的秘密	布萊恩・賽茲尼克	布萊恩・賽茲尼克	宋珮	2007/11/29	台灣東方
妮妮的紅長褲	劉清彥	林怡湘		2007/01/23	台灣彩虹
和小兔彼得去冒險	碧雅翠絲・波特	碧雅翠絲・波特	林海音	2023/11/03	青林
抱抱！	麥當諾	麥當諾	李美妮	2012/01/02	格林文化
花婆婆	芭芭拉・庫尼	芭芭拉・庫尼	方素珍	1998/10/30	三之三
乳牛哞哞叫！	幼福編輯部	幼福編輯部		2012/09/01	幼福文化
阿羅有枝彩色筆	克拉格特・強森	克拉格特・強森	林良	2018/04/01	上誼文化
阿公與我：認識母語文學的夏天	鄭若珣	周見信		2019/09/06	玉山社

9畫

書名	作者	繪者	譯者	出版日期	出版社
南瓜湯	海倫・庫柏	海倫・庫柏	柯倩華	2011/04/01	和英
神奇變身水	傑克・肯特	傑克・肯特	何奕達	1993/02/28	上誼文化
威廉的洋娃娃：我會愛	夏洛特・佐羅托	威廉・潘訥・杜布瓦	楊清芬	2023/06/29	遠流
挖土機年年作響——鄉村變了	約克・米勒	約克・米勒	王淑文	2019/01/01	和英
食農教育小田園繪本套書——美好豐收	婕爾達・繆勒	婕爾達・繆勒	徐麗松	2023/06/29	水滴文化
風是什麼顏色？	安・艾珀	安・艾珀	楊雯珺	2013/02/01	遠流
流浪狗之歌	嘉貝麗・文生	嘉貝麗・文生		2003/05/05	和英
為什麼要說對不起？	蘇菲・弗爾羅	朵樂蒂・德蒙弗里、索萊達・布拉沃	許若雲、賈翎君	2018/10/02	上誼文化

10畫

書名	作者	繪者	譯者	出版日期	出版社
恐龍和垃圾	邁克・福曼	邁克・福曼	漢聲雜誌	2015/05/01	英文漢聲
閃電魚尼克	方素珍	方素珍、江書婷		2020/09/05	小康軒
真是太過分了！	派特・湯姆森	強納森・艾倫	黃聿君	2006/01/18	親子天下
起床啦，皇帝！	郝廣才	李漢文		1988/04/04	信誼基金

圖畫書參考書目

書名	作者	繪者	譯者	出版日期	出版社
浮冰上的小熊	安德魯·德翰	安德魯·德翰	林雨潔	2011/04/01	維京
迷糊的小企鵝	肯茲·福克納	約納山·藍伯特	余治瑩	1999/06/30	三之三
旅行的三顆種子	洪佳如	鮪魚蛋餅		2019/06/12	世一
臭起司小子爆笑故事大集合	約翰·席斯卡	藍·史密斯	管家琪	1994/01/10	格林文化

11 畫

書名	作者	繪者	譯者	出版日期	出版社
雪人	雷蒙·布力格	雷蒙·布力格		2015/11/10	上誼文化
蚯蚓的日記	朵琳·克羅寧	朵琳·克羅寧	侯超	2022/12/21	北京科學技術
國王的鞋子	亞伯特·貝內維利	蘿莉塔·賽容菲莉	亞比	2014/03/05	格子外面
猜猜我有多愛你	山姆·麥克布雷尼	安妮塔·婕朗	陳淑惠	2018/05/01	上誼文化
彩虹洞洞書：形狀顏色	風車編輯部	風車編輯部		2024/03/27	風車
從山裡逃出來·垃圾，丟啊！（新版）	田島征三	田島征三	林真美	2015/04/15	親子天下
這是誰的腳踏車	高畠純	高畠純	鄭明進	2014/06/25	青林

267

書名	作者	繪者	譯者	出版日期	出版社
啵！啵！啵！海裡有什麼呢？	笠野裕一	笠野裕一	陳瀅如	2017/05/23	青林
張開大嘴呱呱呱	肯思・福克納	喬納森・藍伯	陳淑惠	1996/03	上誼文化
彩虹魚	馬克斯・菲斯特	馬克斯・菲斯特	鄭明進、陳瀅如	2018/09/10	青林
第一百個客人	郝廣才	朱里安諾・菲利		2004/01/24	格林文化
荷光幼兒性教育繪本套書	王嘉琪、陳姿曄、楊舒聿	王嘉琪、陳姿曄、楊舒聿		2022/03/01	荷光性諮商專業訓練中心

12 畫

書名	作者	繪者	譯者	出版日期	出版社
最心愛的寶貝	潔兒・多諾凡	潔兒・多諾凡	賴雅靜	2002/10/01	上人文化
普普的新房子	石晏如	鍾易真		2007/03/10	愛智
喀擦喀擦爺爺的恐龍王國	松岡達英	松岡達英	周郁寧	2020/10/08	米奇巴克
棕色的熊、棕色的熊，你在看什麼？	艾瑞・卡爾	艾瑞・卡爾		1999/11/18	上誼文化
短耳兔套書	達文茜	唐唐		2013/07/05	親子天下
發現小錫兵	約克・米勒	約克・米勒		2019/08/01	和英

13畫

書名	作者	繪者	譯者	出版日期	出版社
會飛的抱抱	珊卓・和寧	法拉力・哥巴契夫	黃迺毓	2006/07/15	上誼文化
媽媽心媽媽樹	方素珍	仇桂芳		2016/08/26	國語日報
媽媽，買綠豆！	曾陽晴	萬華國		2008/04/25	信誼基金
愛書人黃茉莉	莎拉・史都華	大衛・司摩	柯倩華	2001/04/10	遠流
當我們同在一起	瑟巴斯帝安・麥什莫澤	瑟巴斯帝安・麥什莫澤	林敏雄	2015/07/24	青林
蒲公英的種子飛飛飛	鈴木由里佳	奈亞夏子	黃郁文	1998/11/01	信誼
媽媽，我是怎麼來的？＋男孩女孩不一樣＋大聲說不可以！	三三	丁鵬、劉緒龍		2021/03/20	双美生活文創
葉子鳥	孫晴峰	睡眠		2009/08/01	信誼基金
爺爺的枴杖	五味太郎	五味太郎	鄭明進	2014/06/25	青林
搭公車	荒井良二	荒井良二	林真美	2006/05/15	青林
過家來寮	郭玟芬	王志中		2021/11/01	臺北市政府客家事務委員會
節日繪本套書	艾德娜	高淑蓉、Kampanart Sangsorn、陳奕喬、吳嘉鴻	高淑蓉	2019/01/01	幼福文化

書名	作者	繪者	譯者	出版日期	出版社
跟著世界各地的孩子一起慶祝節日	海倫娜·赫拉絲多娃、帕拉·哈娜柯娃	米可維菈·波曼莫娃	黃筱茵	2021/06/03	青林

14畫

書名	作者	繪者	譯者	出版日期	出版社
瘋狂星期二	大衛·威斯納	大衛·威斯納		2022/12/01	格林文化
維妮上學囉	王姿云	劉雅雯		2008/06/30	上人文化
酷比的博物館	歐希莉·揚森	歐希莉·揚森	陳雅茜	2014/02/06	小天下
福爾摩莎自然繪本	凌拂	黃崑謀		2005/11/01	遠流
聞一聞！有氣味的故事繪本系列	拉法愛拉·貝塔妮歐利優	梅蘭妮·葛杭吉哈	王晶盈	2018/06/05	小光點

15畫

書名	作者	繪者	譯者	出版日期	出版社
影子	蘇西·李	吳宜庭	賴毓棻	2012/05/01	大塊文化
蝴蝶朵朵	幸佳慧	陳潔晧、徐思寧		2019/04/24	字畝文化
歡樂海底PARTY	吳周	程宜方		2019/10/1	KIDO親子時堂
樂兒學 美味味道書有聲書	樂兒學	樂兒學		2011/12/01	樂兒學

書名	作者	繪者	譯者	出版日期	出版社
請不要忘記那些孩子	加娜・拜亞茲・阿貝爾斯	加娜・拜亞茲・阿貝爾斯	林真美	1997/10/15	遠流

16 畫

書名	作者	繪者	譯者	出版日期	出版社
樹木之歌	艾拉・馬俐	艾拉・馬俐		2013/09/25	青林
親愛的動物園	羅德・坎貝爾	羅德・坎貝爾	鄭榮珍	2001/07/15	上誼文化
學飛的畫鳥	阿卡迪歐・羅巴托	艾米利歐・烏爾伯魯阿嘉	林淑玟	1994/01/01	智茂

17 畫

書名	作者	繪者	譯者	出版日期	出版社
點	彼得・雷諾茲	彼得・雷諾茲	黃筱茵	2021/07/01	和英
蟋蟀瘦哥的獨唱會	Emma George	Paul Harvey		1990/12/03	聯經

18 畫

書名	作者	繪者	譯者	出版日期	出版社
騎著恐龍去上學	劉思源	林小杯		2017/03/03	步步
叢林裡	Maurice Pledger	Maurice Pledger	林芳萍	1999/08/31	上人文化

19畫

書名	作者	繪者	譯者	出版日期	出版社
鯨鯊	新宮晉	新宮晉	鄭明進	2004/11/01	愛智

20畫

書名	作者	繪者	譯者	出版日期	出版社
寶寶不想睡	李瑾倫	李瑾倫		2020/03/01	信誼基金
寶寶喜歡吃	李瑾倫	李瑾倫		2020/03/01	信誼基金

21畫

書名	作者	繪者	譯者	出版日期	出版社
魔法飲料	白美淑	姜山	李民、張婉璐	2014/04/01	復旦大學
魔法奇花園	艾斯伯格	艾斯伯格	劉清彥	2008/05/07	格林文化

27畫

書名	作者	繪者	譯者	出版日期	出版社
鱷魚怕怕牙醫怕怕	五味太郎	五味太郎	上誼編輯部	1998/03/01	上誼文化

圖畫書參考書目

國家圖書館出版品預行編目（CIP）資料

幼兒圖畫書教學：理論與實務／張純子著.
-- 初版.-- 新北市：心理出版社股份有限公司，
2025.09
    面； 公分.--（幼兒教育系列；51239）
    ISBN 978-626-7447-89-5（平裝）

1.CST：學前教育 2.CST：繪本 3.CST：教學法

523.23   114010228

幼兒教育系列 51239

幼兒圖畫書教學：理論與實務

作　　者：張純子
執行編輯：高碧嶸
總　編　輯：林敬堯
發　行　人：洪有義
出　版　者：心理出版社股份有限公司
地　　址：231026 新北市新店區光明街 288 號 7 樓
電　　話：(02) 29150566
傳　　真：(02) 29152928
郵撥帳號：19293172 心理出版社股份有限公司
網　　址：https://www.psy.com.tw
電子信箱：psychoco@ms15.hinet.net
排　版　者：龍虎出版製作有限公司
印　刷　者：龍虎出版製作有限公司
初版一刷：2025 年 9 月
I S B N：978-626-7447-89-5
定　　價：新台幣 350 元

■有著作權·侵害必究■